대학생을 위한 분야별

전공한자

대학생을 위한 분야별

전공한자

초판 1쇄 발행 2020년 2월 28일

지은이 | 백광호, 백진우
발행인 | 이호인
발행처 | 전주대학교출판부
등록번호 | 제1999-000012호
주　소 | 전라북도 전주시 완산구 천잠로 303(효자동3가)
전　화 | 063-220-2357
팩　스 | 063-220-2067
편집인쇄 | 참디자인(02-3216-1085)

ISBN 978-89-8448-188-6 (13700)
이 책은 전주대학교 출판지원에 의하여 제작되었습니다.

대학생을 위한 분야별

전공한자

文學　歷史　哲學　美學　法學

行政　教育　宗教　工學　數學

物理　電氣電子　看護　保健

代替醫學　物理治療

백광호, 백진우 공저

전주대학교 출판부

일 / 러 / 두 / 기

1. 이 교재는 여러 분야를 전공하는 대학생들이 각자의 전공 수업에서 활용할 수 있는 한자 및 한자어를 익히도록 돕고자 제작하였다. 우리나라 상용한자 1,800자 범위 안에 있는 한자들을 주로 제시하였으나, 이 범위를 넘는다고 하더라도 분야에 따라 필수적으로 익혀야 하는 한자는 함께 제시하였다.

2. 각 강은 다음과 같이 구성하였다.

1) 해당 전공 개론 성격의 글을 맨 앞에 제시하였다. 지문은 한자 노출 방식으로 작성하였으며, 그 가운데 특별히 유념해서 익혀야 할 한자어 10여개를 선정하여 제시하였다.

2) 앞서 선정한 한자어를 기준으로 하여 해당 한자로부터 파생될 수 있는 한자 어휘와 성어(成語)를 제시하였다. 어휘 선정은 해당 한자가 지문의 문맥에서 사용된 의미와 유사한 것, 해당 장의 주제와 관련한 것, 해당 분야에서 자주 사용되는 것들을 위주로 하였다. 한자는 반복 학습이 중요하기 때문에 교재의 다른 부분에서 나온 단어가 반복되더라도 기재하였다. 이 학습이 끝난 후 해당 어휘들을 직접 써볼 수 있도록 하였다.

3) 옛 신문 가운데 해당 강의 주제와 관련 있는 기사를 선정하여 제시하였다. 원문은 한자를 노출하였고, 그 아래로 한글 독음을 제시하였다. 학생들은 한자로 바꿀 수 있는 어휘들을 찾아내 활용할 수 있다.

4) 전공 분야에서 자주 사용하는 한자어 또는 전공 분야와 관련하여 필요한 '전공 분야 어휘'를 제시하였다. 한자의 구성에 따라 풀이하는 '축자 풀이'와 사전적 의미를 제시하는 '국어사전 풀이'를 함께 제시하였다.

5) 해당 분야와 관련한 가벼운 읽을거리를 제시하였다. 광고, 조직도, 선언문 등 다양한 종류로 구성하였다.

6) 해당 분야와 관련한 어휘 또는 고사성어를 제시하고 풀이하였다.

7) 코퍼스 사이트를 활용하여 각 장의 주제어와 연관되어 자주 노출되는 어휘들을 제시하였다.

목차

CONTENTS

들어가는 글

INTRODUCTION

전공 공부의 첫 단추는 전공 어휘력이다!

여러분들은 전공 어휘를 어떻게 익히나요? “조선 후기에, 허가 없이 함부로 벌여 놓은 가게를 규제할 수 있는 권리는 〈금난전권(禁亂廛權)〉”이라는 식으로 무작정 외우고 있나요? 또 “간의 섬유 조직이 많이 자라 굳어지면서 오그라들고, 표면에 이상한 융기가 생기는 병은 〈간경변증(肝硬變症)〉”이라는 식으로 공부하고 있지는 않나요? 이런 암기 위주의 학습은 외우는 것도 힘들지만 금방 잊어버립니다.

전공 공부의 첫 단추를 잘 채우기 위해서는 전공 어휘의 대부분을 차지하고 있는 영어 어휘와 한자 어휘를 장악할 필요가 있습니다. 이때, ‘금난전권’은 ‘가게(廛)가 어지럽게(亂) 마구 생기는 것을 금지하는(禁) 권리(權)’라고 풀이하여 이해하고, ‘간경변증’은 ‘간(肝)이 굳어져서(硬) 변하는(變) 증세(症)’라고 풀이하여 이해하는 것은 어떨까요?

대학에서 漢字를 아는 것은 선택이 아니라 필수이다!

전근대 시대 한자문화권의 국제적 표기수단은 한자(漢字)이며, 근대 이후 한자문화권 국가들의 일상 어휘는 여전히 한자어(漢字語)가 대부분을 차지하고 있습니다. 그런데 우리나라의 경우 일제 강점기 이후 한자 교육이 점차 경시되다가 1970년대 이후 폐지 논의가 국가적인 정책으로 입안 · 시행되기도 하였습니다. 이에 따라 한자 교육은 정규 교육과정에서는 물론 대학 입시제도에서도 소외되어 점차 형식적으로만 이루어지고 있는 실정입니다.

그러나 1990년대 이후 국제화 · 세계화의 관심이 서구 중심에서 중국 · 동남아 등 한자문화권 국가로 점차 확장해가는 추세 속에서, 한자문화권 국가 간의 국제적 소통을 위한 한자 교육이 보다 절실해지고 있습니다. 최근 한자의 이해 및 구사 능력에 대한 사회 다방면의 요구가 제기되고 있으며, 특히 경제 5단체가 신입직원 채용 시에 한자시험 실시 및 소속 회원사에 한자 시험 권장 합의 발표가 있었다는 언론 보도는 그러한 정황을 반증하는 예입니다.

이처럼 한자 교육은 수준 높은 국어의 이해 및 활용 능력과 각종 전문적, 직업적 용어 개념의 이해력 제고는 물론, 중국, 일본, 일부 동남아 국가 등 한자문화권 국가들 사이의 국제적 교류 증대에 능동적으로 대처하는 데 반드시 필요하다고 할 것입니다. 즉, 한자를 아는 것은 경제적, 문화적, 학문적 교류를 포함한 다양한 인적 물적 소통을 위해 매우 시급하고 절실한 과제라고 할 수 있습니다.

신입생 때 전공에 나올 한자 어휘를 장악하자!

이 교재는 대학에 입학하는 학생의 한자 어휘 능력을 신장시키는 것을 목표로 합니다. 또한 점차 증가하고 있는 외국 유학생의 고급 한국어 사용 능력을 신장시키는 데 있습니다. 교육부에서 선정한 한문교육용 기초한자 1,800자를 중심으로 전공 학습에 필요한 한자 어휘를 쉽게 배울 수 있도록 구성하였습니다. 대학생에게 필요한 한자와 한자 어휘를 대상으로 하는 본 교재는 점차 감소하고 있는 대학 초년생의 전공 한자 어휘 능력을 신장시킬 수 있습니다.

1장
인문 · 예술

1강 문학
文學

詩는 意志를 興起시킬 수 있고,
政治의 得失을 觀察할 수 있고,
무리를 지을 수 있으며, 怨望할 수 있다.
가깝게는 어버이를 섬길 수 있고,
멀리로는 임금을 섬길 수 있으며,
새 · 짐승 · 풀 · 나무의 이름을 많이 알게끔 한다.

- 孔子 -

1강

문학

‘문학(文學)’은 ‘무늬’, ‘글자’, ‘문자’라는 의미를 가진 ‘문(文)’과 ‘학문’이라는 의미를 가진 ‘학(學)’이 결합하여 만들어진 어휘이다. 어휘로 사용될 때는 글자나 문자라는 좁은 의미보다는 인간의 사상이나 감정을 언어로 표현한 예술 작품을 가리킨다.

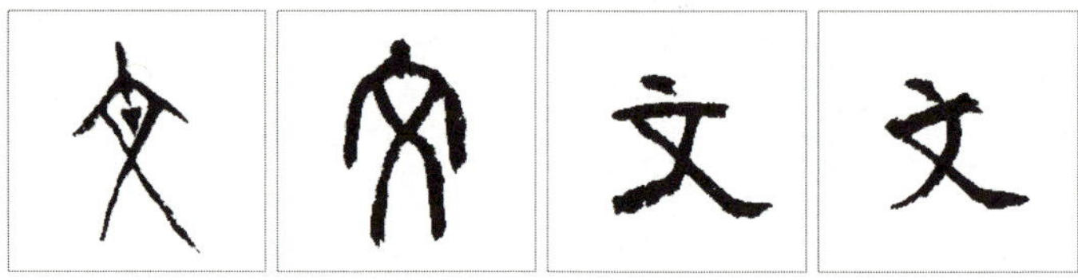

문(文)은 사람의 가슴에 가로세로의 갖가지 무늬가 그려진 모습을 본뜬 상형자이다. 일종의 문신(文身)이라고 할 수 있다. 여기서부터 뜻이 확장되어 ‘꾸미다’라는 의미를 갖게 되었고, 글자 · 문장 · 문헌 등의 의미까지 갖게 되었다.

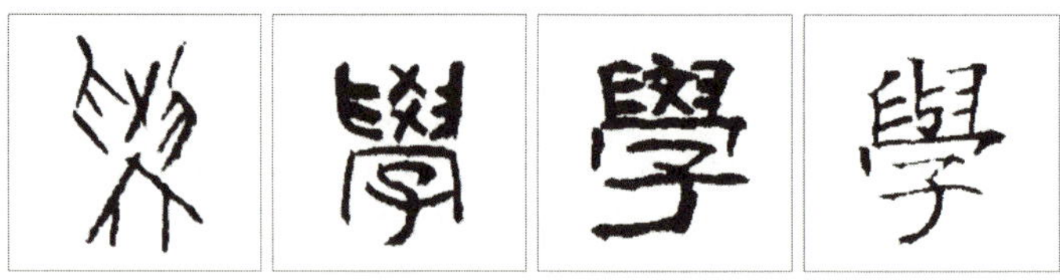

학(學)의 자원에 대해서는 여러 가지 해석이 있다. 갑골문과 금문을 살펴보면 지붕 아래에 아이가 있고 그 위로 집의 지붕이 있으며, 다시 그 위로 무언가를 마주잡고 있는 두 개의 손이 있다. 집을 온전하게 보존하기 위해 지붕을 보수하는 중요한 일을 아이가 배워 익혀야 한다는 의미를 담은 회의자로 보는 견해를 따른다.

또한 '학(學)'은 우리말에서 접미사로 쓰여 해당 분야의 원리를 논리적이고 체계적으로 연구하는 학문이라는 명사를 만들어준다. 예를 들어 국어국문학, 지리학, 경제학, 역사학, 생물학, 물리학, 화학 등 오늘날 우리가 일반적으로 배우는 현대 학문 분야에 사용되고 있다.

함께 읽어봅시다

우리는 왜 韓國文學을 이야기하는가

우리는 왜 韓國文學을 읽고, 이야기하며, 硏究하는가? 물음을 던지고 받는 이가 모두 이 땅에 살고 있는 韓國人인 限 이 質問은 無意味한 것처럼 보인다. 그렇다. 이 물음은 無意味하다. 우리가 意識하든 않든 韓國文學이 過去로부터 오늘날까지 이어져 온 우리 삶의 한 部分으로 있는 것이라면, 그것을 읽고 이야기하며 精密하게 理解한다는 일은 굳이 까닭을 묻기 以前에 하나의 主體的 必然性으로 우리에게 附課되는 課業이다.

그러나, 오늘의 時代를 사는 韓國人으로서 우리는 이 自然스러운 對答이 그 原則的 妥當性만큼 自明하게 받아들여지는지 確信하기 어려운 때가 더러 있음을 느낀다. 端的으로 말하여 우리는 다음과 같은 種類의 물음에 明示的으로나 黙示的으로 마주치는 境遇를 想定해 볼 수 있다.

우리는 왜 굳이 '韓國'文學을 重要한 關心事로 삼는가? 그것은 數많은 個別文學 中에서 어떤 하나를 理解하는 것과 對等한 選擇의 平面 위에 놓은 한 가지 일인가, 혹은 各別한 意義를 지니는 課題인가?

우리는 왜 굳이 韓國'文學'에 깊은 關心을 가지는가? 文學은 많은 部分이 想像的 體驗과 情緒的 感應力에 依存하는데, 그렇다면 우리에게 더 緊切한 要請은 客觀的 實體로서의 歷史와 그 理念, 思想에 對한 理解에 優先的인 關心을 기울

이는 일이 아닌가? 激甚한 矛盾과 葛藤으로 이어진 우리의 過去를 解釋하고 現在를 照明하는 데 있어서 文學을 읽고 論하는 일은 歷史學, 社會學, 政治學 等의 다른 人文 · 社會科學만큼의 값이 있는가?

韓國文學의 全體的 輪廓을 살피고자 발걸음을 떼어 놓으려는 段階에서 위의 두 가지 물음에 對해 完全한 答을 提示하기란 쉽지 않다. 特히 둘째 물음은 單純한 思辨的 省察의 課題에 그치지 않고 文學을 읽고 論하는 우리의 實踐에 依하여 그 答이 完成될 수 있는 性質의 것이다. 하지만, 이와 같은 制約에도 不拘하고 위의 물음들에 對한 積極的 應答의 展望이 서지 않으면 韓國文學의 穩當한 理解를 爲한 視野가 明了하게 設定되기 어렵다. 무엇을 理解한다는 行爲는 언제나 主體의 位置와 視覺에 관한 自覺的 認識을 必要로 한다.

(중략)

文學을 읽고 論하는 일이 實在로서의 歷史와 그 理念, 思想의 探究에 匹敵할 만한 것인가라는 물음은 一旦 플라톤의 詩人追放論이나 墨子의 非樂論과 같은 理性主義的, 實用主義的 視覺으로부터의 懷疑를 머리에 떠올리게 한다. 하지만 위의 물음이 우리에게 좀더 切實한 무게로 다가오는 直接的인 까닭은 우리의 가까운 先祖들이 살았던 近代史의 苛烈함과 우리 自身이 살고 있는 이 時代의 現實的 苦惱 때문이다. 길게 말할 것도 없이 우리는 지난 몇 世紀 동안의 歷史에서 正義의 原理가 너무나도 손쉽게 그리고 자주 否定되는 것을 體驗했다. 또한 우리는 現實의 急迫한 움직임에 곧바로 對應하지 못하는 모든 價値에 對해 여러 次例 絕望하고는 했다. 오늘날의 狀況도 이로부터 例外는 아니다. 問題로 가득 찬 時代 속에서 그 實際的 效用이 確實치 않아 보이는 文學보다 現實 歷史의 얽힘을 파헤치고 思想的 摸索의 脈絡을 드러내는 일이 좀더 重要하다고 여겨지는 것은 있을 法한 일이다.

– 우리는 왜 한국문학을 이야기하는가 (김흥규, 한국문학의 이해, 1986, ㈜민음사)

주요 한자어

① **韓國** **나라 한, 나라 국**

韓 — 韓食(한식) 韓服(한복) 南韓(남한)

國 — 美國(미국) 中國(중국) 國家(국가) 國歌(국가)

② **文學** **글월 문, 배울 학**

文 — 文書(문서) 文人(문인) 英文(영문) 文房四友(문방사우)

學 — 大學(대학) 學者(학자) 學生(학생) 教學相長(교학상장)

③ **理解** **이치 리, 풀 해**

理 — 理性(이성) 論理(논리) 眞理(진리) 非理(비리)

解 — 解釋(해석) 解決(해결) 誤解(오해) 結者解之(결자해지)

④ **時代** **때 시, 세대 대**

時 — 時間(시간) 時期(시기) 定時(정시) 晩時之歎(만시지탄)

代 — 世代(세대) 代表(대표) 現代(현대) 近代(근대)

⑤ **想像** **생각할 상, 형상 상**

想 — 思想(사상) 理想(이상) 聯想(연상) 奇想天外(기상천외)

像 — 虛像(허상) 銅像(동상) 氣像(기상) 肖像畫(초상화)

⑥ **情緒** **뜻 정, 실마리 서**

情 — 人情(인정) 友情(우정) 感情(감정) 無情(무정)

緒 — 端緒(단서) 頭緒(두서)

⑦ 主體 **주인 주, 몸 체**

主 主人(주인) 民主(민주) 主觀(주관) 主客顚倒(주객전도)

體 身體(신체) 肉體(육체) 體育(체육) 自體(자체)

⑧ 詩人 **시 시, 사람 인**

詩 詩歌(시가) 詩集(시집) 定型詩(정형시)

人 人間(인간) 人類(인류) 成人(성인) 三人成虎(삼인성호)

⑨ 現實 **나타날 현, 실제 실**

現 現在(현재) 現場(현장) 現金(현금) 表現(표현)

實 實在(실재) 實質(실질) 眞實(진실) 名實相符(명실상부)

⑩ 效用 **본받을 효, 쓸 용**

效 效果(효과) 效用(효용) 效率(효율) 發效(발효)

用 用語(용어) 活用(활용) 常用(상용) 適用(적용)

함께 써봅시다

韓國	韓國		
文學	文學		
理解	理解		
時代	時代		
想像	想像		
情緒	情緒		
主體	主體		
詩人	詩人		
現實	現實		
效用	效用		

옛 신문 읽어보기

조선이 요구하는 문학

朝鮮이 要求하는 文學

世界는 國際的 聯關下에서 보면 相似한 樣相으로 同一한 呼吸을 하고 있지만 이를 다시 差別上에서 보면 各個의 民族이 獨自의 特殊性을 가지고 千態萬象의 景觀을 드러내고 있다. 따라서 文學 한 가지에서 局限해 본다 할지라도 그 到達한 水準과 指向하는 目標가 各各 다르다. 이는 歷史와 環境과 希願을 달리한 까닭으로의 必然的 結果이다. 그러므로 經濟關係, 政治現實, 文化傳統, 社會事情 等에 있어서 餘他 다른 나라와 顯著하게 다른 處地에 있는 朝鮮도 所持한 바 또는 要求하는 바 文學이 自別할 것은 張皇한 論辨을 기다릴 것 없이 自明한 일로 누구에게나 首肯될 것이다. 그러면 朝鮮은 어떠한 文學을 所持하고 있으며 또 어떤 文學을 要求하고 있는가.

세계는 국제적 연관하에서 보면 상사한 양상으로 동일한 호흡을 하고 있지만 이를 다시 차별상에서 보면 각개의 민족이 독자의 특수성을 가지고 천태만상의 경관을 드러내고 있다. 따라서 문학 한 가지에서 국한해 본다 할지라도 그 도달한 수준과 지향하는 목표가 각각 다르다. 이는 역사와 환경과 희원을 달리한 까닭으로의 필연적 결과이다. 그러므로 경제관계, 정치현실, 문화전통, 사회사정 등에 있어서 여타 다른 나라와 현저하게 다른 처지에 있는 조선도 소지한 바 또는 요구하는 바 문학이 자별할 것은 장황한 논변을 기다릴 것 없이 자명한 일로 누구에게나 수긍될 것이다. 그러면 조선은 어떠한 문학을 소지하고 있으며 또 어떤 문학을 요구하고 있는가.

– 동아일보, 1934년 5월 14일, 1면.

전공 분야 어휘

1. 硬口蓋音(단단할 경, 입 구, 덮을 개, 소리 음)

축자 풀이 : 단단하게(硬) 입(口)을 덮은(蓋) 부분의 소리(音)

국어사전 풀이 : 입천장 앞쪽의 단단한 부분에서 나는 소리

2. 校正(교정할 교, 바를 정)

축자 풀이 : 바르게(正) 교정하다(校)

국어사전 풀이 : 교정쇄와 원고를 대조하여 오자, 오식, 배열 따위를 바르게 고침

3. 口語體(입 구, 말씀 어, 몸 체)

축자 풀이 : 입(口)으로 말하는(語) 말투(體)

국어사전 풀이 : 글에서 쓰는 말투가 아닌, 일상적인 대화에서 주로 쓰는 말투

4. 禁忌語(금할 금, 꺼릴 기, 말씀 어)

축자 풀이 : 금지하고(禁) 사용하기를 꺼리는(忌) 말(語)

국어사전 풀이 : 마음에 꺼려서 하지 않거나 피하는 말

5. 起源(일어날 기, 근원 원)

축자 풀이 : 사물이 생긴(起) 근원(源)

국어사전 풀이 : 사물이 처음으로 생김 또는 그런 근원

6. 難讀症(어려울 난, 읽을 독, 증세 증)

축자 풀이 : 읽는(讀) 것을 어려워(難) 하는 증세(症)

국어사전 풀이 : 지능, 시각, 청각이 모두 정상인데 글자를 읽고 이해하는 데에 어려움이 있는 증상

7. **內破音**(안 내, 깨뜨릴 파, 소리 음)

축자 풀이 : 안(內)에서 깨트리는(破) 소리(音)

국어사전 풀이 : 파열음이 파열되지 않고 막힌 상태로 끝날 때 나는 소리. 파열음이 받침으로 쓰일 때 나는 소리로, '입', '떡'의 'ㅂ', 'ㄱ' 따위를 이름

8. **獨創**(홀로 독, 비롯할 창)

축자 풀이 : 혼자(獨) 만듦(創)

국어사전 풀이 : 다른 것을 모방함이 없이 새로운 것을 처음으로 만들어 내거나 생각해 냄

9. **童蒙先習**(아이 동, 어두울 몽, 먼저 선, 익힐 습)

축자 풀이 : 어린(蒙) 아이(童)가 먼저(先) 익히는(習) 책

국어사전 풀이 : 조선 중종 때에, 박세무가 쓴 어린이 학습서. 『천자문』을 익힌 어린이들이 『소학』을 배우기 전에 공부하는 교과서로 널리 사용하였으며, 덕행의 함양에 많은 도움이 됨

10. **描寫**(그릴 묘, 베낄 사)

축자 풀이 : 그대로 베끼듯이(寫) 그리는(描) 것

국어사전 풀이 : 어떤 대상이나 사물, 현상 따위를 언어로 서술하거나 그림을 그려서 표현함

11. **象徵**(모양 상, 부를 징)

축자 풀이 : 모양(象)으로 증명(徵)되어지는 심벌

국어사전 풀이 : 추상적인 사물이나 관념 또는 사상을 구체적인 사물로 나타내는 일. 또는 그 사물. 예를 들면 '비둘기'라는 구체적인 사물로 '평화'라는 추상적인 관념을 나타내는 것 따위

12. **抒情**(풀 서, 뜻 정)

축자 풀이 : 뜻이나 감정(情)을 펴다(抒)

국어사전 풀이 : 주로 예술 작품에서, 자기의 감정이나 정서를 그려 냄

13. 語幹(말씀 어, 줄기 간)

축자 풀이 : 단어(語)의 줄기(幹)

국어사전 풀이 : 동사, 형용사, 서술격 조사 등 활용어의 활용에서 변하지 않는 부분

14. 外來語(밖 외, 올 래, 말씀 어)

축자 풀이 : 나라 밖(外)에서 들어온(來) 말(語)

국어사전 풀이 : 외국에서 들어온 말로 국어에서 널리 쓰이는 단어

15. 擬聲語(비길 의, 소리 성, 말씀 어)

축자 풀이 : 사물의 소리(聲)를 비기(擬)는 말(語)

국어사전 풀이 : 사람이나 사물의 소리를 흉내 낸 말

알아두면 도움되는 한자 이야기

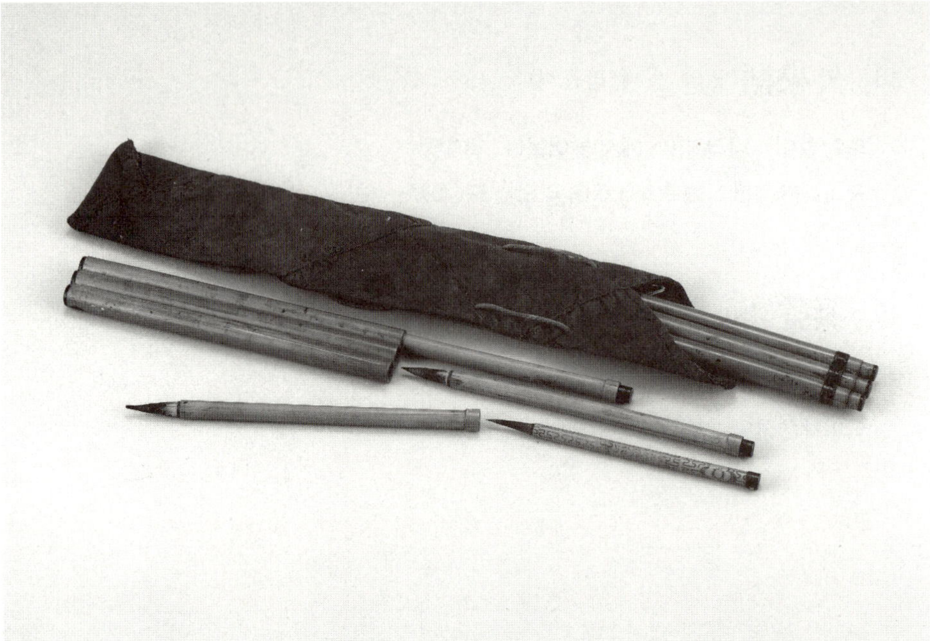

(휴대용 문방사우 필낭 ‖ 국립민속박물관 아카이브)

문방사우(文房四友)

문방사우는 문방(文房)의 네 가지 벗이다. 문방은 서적을 갖추어 두고 책을 읽거나 글을 쓰는 방이다. 또는 학용품과 사무용품 따위를 통틀어 이르는 말인 '문방구(文房具)'의 준말이다. 즉, 문방은 글을 다루는 사람인 문사(文士)가 주로 기거하는 곳이거나 그들이 즐겨 사용하는 용품을 가리키는 말이다. 글을 공부하는 사람이 친구처럼 여기는 네 가지 도구를 '문방사우'라고 표현한다. 문방사우는 서예(書藝)나 동양화(東洋畫)에 필요한 네 가지 물품으로 지필연묵(紙筆硯墨)이다. 지필연묵은 각각 종이, 붓, 벼루, 먹을 가리킨다. 문방사보(文房四寶)라고도 한다. 문방사우는 문사들이 사용하는 도구 정도의 의미가 아니라, 그들의 정신이 깃들어 있다. 현대인의 문방사우는 무엇일까? 아마도 종이[紙]는 모니터, 붓[筆]은 키보드, 먹[墨]은 마우스, 벼루[硯]는 스마트폰일 것이다. 현대인의 문방사우에도 공부하는 이들의 정신이 깃들어 있을까?

관련 어휘와 성어

■ **고담준론 (高談峻論)**

뜻이 높고 바르며 준엄하고 날카로운 말. 또는 스스로 잘난 체하고 과장하여 떠벌리는 말. * 峻(준) 높다. 준엄하다.

■ **곡학아세 (曲學阿世)**

학문을 왜곡하여 세상에 아첨함.

■ **천의무봉 (天衣無縫)**

선녀의 옷은 꿰맨 흔적이 없다는 뜻으로, 사물이나 문장 등이 훌륭하여 손댈 곳이 없을 만큼 완벽함을 일컬음. * 縫(봉) 꿰매다.

빅데이터로 보는 연관 단어

- 작가(作家)
- 작품(作品)
- 평론(評論)
- 번역(飜譯)
- 민족(民族)

1장
인문/예술

2강 역사
歷史

歷史는 人類의 證言이고
人類의 智慧입니다.
證言과 智慧를 잘 把握할 때
人類의 未來가 밝아집니다.
歷史의 主役들은 모두 죽었지만
如前히 살아 우리와 이야기합니다.
'죽었지만 산 사람'을 通해
人類는 莫大한 智慧를 누립니다.

- 조광 -

2강

역사

역사(歷史)는 '지나다'라는 뜻을 가진 '역(歷)'과 '역사'라는 의미를 가진 '사(史)'가 결합하여 만들어진 어휘이다. 사(史)만으로도 역사라는 뜻을 가지지만 우리말의 한자어에서는 비슷한 의미를 가지는 한자를 함께 써서 의미를 명확하게 해주기 때문에 역(歷)자를 붙여 역사가 지나온 것임을 분명하게 해주었다. 대신 특정 학문의 역사를 뜻할 때에는 사(史)만 접미사로 붙어서 특정 학문 분야의 역사를 가리키는 단어를 만들어준다. 문학사(文學史), 경제사(經濟史), 사회사(社會史), 과학사(科學史) 등이 모두 그러한 경우이다.

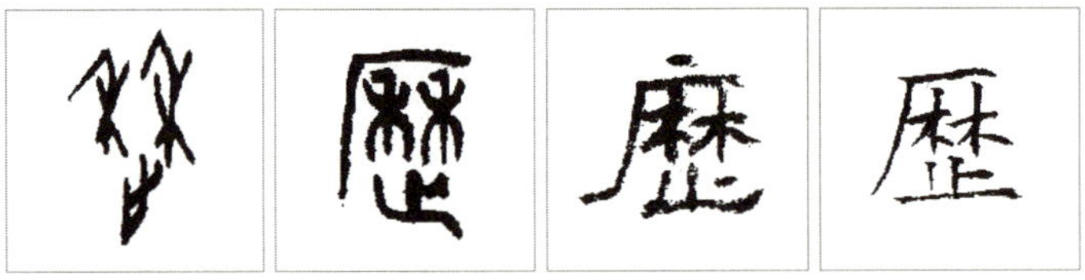

역(歷)은 뜻과 뜻이 합쳐진 회의자로 보는 견해도 있고, 뜻과 소리가 합쳐진 형성자로 보는 견해도 있다. 회의자로 볼 경우 언덕[厂], 벼[禾]가 많이 있는 모습, 발걸음[止]이 합쳐진 의미로 해석한다. 즉, 벼가 많이 자라 있는 언덕을 걸어가는 모습으로, '지나다'라는 의미를 갖게 되었다. 형성자로 볼 경우 역(厤)에서 소리를 가져오고 발걸음을 뜻하는 지(止)에서 의미를 가져왔다고 본다. 이 경우에도 역시 의미는 '지나다'이다. 또한 시간이 지나가면 옛날이 되기 때문에 과거(過去)라는 의미로 확장되었다.

사(史)는 손으로 붓을 잡고서 중요한 일을 기록하는 사람을 뜻한다. 이때 중요한 일을 기록한다는 것은 나라의 공식적인 기록인 역사를 의미한다. 역사를 기록하는 중요한 붓이기 때문에 귀하게 장식을 한 모습으로 보기도 하고, 한쪽으로 쏠리지 않고 바르게 중심을 잡아야 한다는 의미에서 바르다는 의미의 '가운데 중(中)'으로 보기도 한다. 종합하자면 귀중한 붓을 잡고서 나라의 일을 바르게 기록하는 사람이라고 볼 수 있을 것이다. 여기서 확장되어 그러한 기록 모두를 뜻하는 역사라는 의미를 갖게 되었다.

오늘날 역사는 넓은 범위에서 사용되고 있다. 일반적으로는 어느 한 국가의 역사를 뜻하지만, 개인의 중요성을 강조하여 개인의 역사인 개인사에 대한 관심이 커지기도 하였고, 국가보다 큰 차원에서 인류 사회의 변천과 흥망의 과정을 기록하는 역사의 의미로도 사용할 수 있다. 역사 분야에서는 어떤 한자들이 주로 사용되는지 함께 살펴보자.

함께 읽어봅시다

史料와 理論

現在 이 瞬間까지 發生한 그 無數한 事實들이 모두 史實은 아니다. 다시 말하면, 歷史的 事實을 記錄으로 남겼다고 해도 그것이 모두 歷史는 아니다. 또 文獻 記錄에 없다고 하여 歷史가 아니라 한다면 이는 잘못이다. 歷史學의 補助科學이 되는 金石學, 考古學, 年代學, 古典學 等도 훌륭한 史料가 되기 때문이다. 따라서 歷史는 史料의 選定이 가장 重要한 作業이며 無數한 史料 속에서 歷史의 뼈대

가 되는 事實들을 골라 秩序 있게 配列해야 한다. 그렇기 때문에 過去에 對한 知識의 全部가 歷史的 事實이 되는 것은 아니다.

19世紀는 事實을 尊重한 時代였고, 歷史家들도 그와 같이 생각하였다. 랑케(L. v. Ranke)의 '그것이 本來 어떻게 있었느냐'(Wie es eigentlich gewesen war)를 보여주는 것이 歷史家의 任務였다. 確實히 歷史家는 史料를 嚴密히 考證하고 批判한 後 史料 속에서 結論을 끌어내야 하지만, 史料만 다루는 것이 歷史家의 終局的 任務는 아니다. 적어도 歷史 研究의 基本이 되는 史料 取扱에 對한 랑케의 貢獻은 이제 常識的인 歷史觀이 되었다. 歷史는 嚴密한 考證을 거쳐 確證된 事實의 集成으로 이룩된 것이다.

歷史는 그 自體로서 構成되지도 않고 意味가 나오는 것도 아니다. 여기서 歷史家의 役割과 任務가 나온다. 모든 歷史的 事實도, 그리고 그 곳에서 誘導된 結論도 歷史家가 史料를 찾아서 配列하고 그리고 意味를 附與해야만 可能한 것이다. 그러나 事實의 配列만이 歷史의 참된 意味는 아니다. 事實을 尊重하는 實證史學과 아울러 歷史哲學의 立場도 함께 擡頭되는 것이다. 콜링우드(R. G. Collingwood, 1889~1943)는 歷史哲學이 取扱하는 것은 '事實 그 自體'나 '事實 그 自體에 對한 歷史家의 思想'의 어느 하나만이 아니고 相互關係 下에 있는 兩者라고 말한 바 있다. 그러므로 歷史家의 役割은 歷史를 構成할 때 죽어 있는 歷史를 살아서 現在 꿈틀거리는 歷史로 만드는 일이다. 우리가 歷史冊을 읽을 때 第一 먼저 關心을 두어야 되는 것은 그 속에 어떤 事實들이 실려져 있느냐 하는 問題보다 그 歷史冊을 쓴 歷史家가 어떠한 사람인가 하는 것이 問題된다고 카아(E. H. Carr)는 말하고 있다.

– 역사의 개념(강만길 외, 세계사에 비춘 한국의 역사, 1975, 고려대학교 출판부) –

주요 한자어

① 史料 역사 사, 헤아릴 료

史 史官(사관) 史觀(사관) 史草(사초) 靑史(청사)

料 料量(요량) 飮料(음료) 材料(재료)

② 事實 일 사, 실제 실

事 事件(사건) 事態(사태) 訟事(송사)

實 實感(실감) 實權(실권) 名實相符(명실상부)

③ 史實 역사 사, 실제 실

史 史略(사략) 史蹟(사적) 史禍(사화) 野史(야사)

實 實錄(실록) 實益(실익) 實學派(실학파)

④ 文獻 글월 문, 드릴 헌

文 文科(문과) 文具(문구) 文書(문서) 沙鉢通文(사발통문) * 鉢(발) 바리때

獻 獻金(헌금) 獻身(헌신) 奉獻(봉헌)

⑤ 記錄 기록할 기, 기록할 록

記 記念(기념) 記事(기사) 記憶(기억) 史記(사기)

錄 錄取(녹취) 錄音器(녹음기) 備忘錄(비망록)

⑥ 金石學 **쇠 금, 돌 석, 배울 학**

金 金庫(금고) 金利(금리) 賞金(상금)

石 石刻(석각) 石油(석유) 石塔(석탑) 礎石(초석)

學 學校(학교) 學習(학습) 大提學(대제학)

⑦ 考古學 **상고할 고, 옛 고, 배울 학**

考 考慮(고려) 考試(고시) 考證(고증) 熟考(숙고)

古 古宮(고궁) 古代(고대) 古典(고전) 古銅色(고동색)

學 學期(학기) 學識(학식) 東學革命(동학혁명)

⑧ 年代學 **해 년, 시대 대, 배울 학**

年 年度(연도) 年輪(연륜) 年歲(연세) 年來(연래)

代 代價(대가) 代筆(대필) 當代(당대)

學 學究熱(학구열) 學位(학위) 實學派(실학파)

⑨ 考證 **상고할 고, 증거 증**

考 考案(고안) 考察(고찰) 人事考課(인사고과)

證 證據(증거) 證明(증명) 證票(증표)

⑩ 現在 **나타날 현, 있을 재**

現 現金(현금) 現代(현대) 現實(현실) 現地踏查(현지답사)

在 在野(재야) 在位(재위) 潛在(잠재)

함께 써봅시다

史料	史料		
事實	事實		
史實	史實		
文獻	文獻		
記錄	記錄		
金石學	金石學		
考古學	考古學		
年代學	年代學		
考證	考證		
現在	現在		

자력으로 운명을 타개하자

自力으로 運命을 打開하자

韓國의 運命은 韓國 民族의 自力으로 開拓되어야 한다. 이것은 萬古의 鐵則이요, 今日의 民族受難期에 있어서 民族 全體가 한 번 더 切實히 自覺해야 할 命題다. 二次大戰 終期에 있어서 우리는 우리 自身의 손으로 解放을 獲得하였다기보다는 聯合軍의 軍力으로서 解放을 선사받았다고 하는 歷史的 現實을 是認 아니할 수 없고 그 까닭으로 所謂 三八線 分斷이라는 悲劇의 씨가 뿌려진 것이다. 더 올라가서 李朝 末葉에 있어서 우리 國土는 淸日俄日 兩戰役에서 外國軍隊가 우리 疆土를 戰場化하는 것을 許容하였고, 當時의 支配者들은 우리 自身의 國土를 自力으로 守護하려는 覺悟와 能力을 가지지 못하였던 것이요, 그 結果로서는 失國의 慘禍를 가져왔던 것이다.

한국의 운명은 한국 민족의 자력으로 개척되어야 한다. 이것은 만고의 철칙이요, 금일의 민족수난기에 있어서 민족 전체가 한 번 더 절실히 자각해야 할 명제다. 이차대전 종기에 있어서 우리는 우리 자신의 손으로 해방을 획득하였다기보다는 연합군의 군력으로서 해방을 선사받았다고 하는 역사적 현실을 시인 아니할 수 없고 그 까닭으로 소위 삼팔선 분단이라는 비극의 씨가 뿌려진 것이다. 더 올라가서 이조 말엽에 있어서 우리 국토는 청일아일 양 전역에서 외국 군대가 우리 강토를 전장화하는 것을 허용하였고, 당시의 지배자들은 우리 자신의 국토를 자력으로 수호하려는 각오와 능력을 가지지 못하였던 것이요, 그 결과로서는 실국의 참화를 가져왔던 것이다.

– 동아일보, 1953년 6월 16일, 1면.

전공 분야 어휘

1. 開國功臣(열 개, 나라 국, 공 공, 신하 신)

축자 풀이 : 나라(國)를 세우는(開) 데에 공(功)을 세운 신하(臣)

국어사전 풀이 : 나라를 새로 세울 때 큰 공로가 있는 신하

2. 舊石器時代(옛 구, 돌 석, 그릇 기, 때 시, 시대 대)

축자 풀이 : 옛날(舊) 돌(石) 그릇(器)을 쓰는 때(時代)

국어사전 풀이 : 신석기 시대에 앞선 석기 시대. 대개 70만 년에서 1만 년 전에 해당하는 시기로, 구석기 및 골각기를 사용하고 동물을 사냥하거나 나무 열매를 채집하여 식생활을 했음

3. 禁亂廛權(금할 금, 어지러울 난, 가게 전, 권세 권)

축자 풀이 : 가게(廛)가 어지럽게(亂) 마구 생기는 것을 금지하는(禁) 권리(權)

국어사전 풀이 : 조선 후기에, 허가 없이 함부로 벌여 놓은 가게를 규제할 수 있도록 나라로부터 부여받은 특권

4. 無文土器(없을 무, 글월 문, 흙 토, 그릇 기)

축자 풀이 : 무늬(文)가 없는(無) 흙(土) 그릇(器)

국어사전 풀이 : 청동기 시대에 사용한 무늬 없는 토기. 빛깔은 붉은 갈색임

5. 發掘(필 발, 팔 굴)

축자 풀이 : 파서(掘) 들추다(發)

국어사전 풀이 : 찾아서 파냄

6. 士禍(선비 사, 재앙 화)

축자 풀이 : 선비(士)들이 입은 재앙(禍)

국어사전 풀이 : 조선 시대에, 조정의 신하 및 선비들이 정치적 반대파에게 몰려 참혹한 화를 입던 일. 무오사화, 갑자사화, 기묘사화, 을사사화 등

7. 收租權(거둘 수, 조세 조, 권세 권)

축자 풀이 : 조세(租)를 거둘(收) 수 있는 권리(權)

국어사전 풀이 : 벼슬아치가 나라에서 부여받은, 조세를 받을 권리

8. 衛正斥邪(지킬 위, 바를 정, 물리칠 척, 간사할 사)

축자 풀이 : 바른(正) 것을 지키고(衛) 간사한(邪) 것을 물리침(斥)

국어사전 풀이 : 구한말에, 주자학을 지키고 가톨릭을 물리치기 위하여 내세운 주장. 본디 정학(正學)과 정도(正道)를 지키고 사학(邪學)과 이단(異端)을 물리치자는 것으로, 외국과의 통상 반대 운동으로 이어짐

9. 遺蹟(남길 유, 자취 적)

축자 풀이 : 남아(遺) 있는 자취(蹟)

국어사전 풀이 : 건축물이나 싸움터 또는 역사적인 사건이 벌어졌던 곳이나 패총, 고분 따위를 이름

10. 人頭稅(사람 인, 머리 두, 세금 세)

축자 풀이 : 사람(人) 머릿수(頭)에 따라 매긴 세금(稅)

국어사전 풀이 : 납세 능력의 차이를 고려하지 아니하고 각 개인에게 일률적으로 매기는 세금. 현재 생활필수품에 대한 소비세 따위의 간접세는 이것과 같은 방식임

11. 積石塚(쌓을 적, 돌 석, 무덤 총)

축자 풀이 : 돌(石)을 쌓아(積) 만든 무덤(塚)

국어사전 풀이 : 시신 위나 시신을 넣은 석곽 위에 흙을 덮지 않고 돌을 쌓아 올린 무덤. 돌무지무덤과 같은 말

12. 支石墓(지탱할 지, 돌 석, 무덤 묘)

축자 풀이 : 돌(石)로 지탱하는(支) 무덤(墓)

국어사전 풀이 : 큰 돌을 몇 개 둘러 세우고 그 위에 넓적한 돌을 덮어 놓은 선사 시대의 무덤. 북방식과 남방식이 있음. 고인돌을 이르는 말

알아두면 도움되는 한자 이야기

(임금과 신하가 대화하는 모습 ‖ TV 사극 캡쳐)

사극(史劇)에 자주 등장하는 한자어 표현

- **성은(聖恩)이 망극(罔極)하옵니다** : 임금님의 크고 높은 은혜가 이루 말할 수 없이 크다

- **송구(悚懼)하옵니다** : 두려워서 벌벌 떨 정도입니다

- **황공(惶恐)하옵니다** : 두렵고 또 두렵습니다

- **통촉(洞燭)하여 주시옵소서** : 사정이나 형편 따위를 밝게 헤아려 살펴주시기 바랍니다

- **감히 어느 안전(案前)이라고** : 감히 누구 앞이라고 함부로 말을 하는가. '안(案)'은 임금을 직접 지칭하지 못하고 임금이 앉는 자리를 대신 가리키는 말임

관련 어휘와 성어

■ **춘추필법(春秋筆法)**

역사서『춘추』와 같이 비판적이고 엄정한 필법을 이르는 말. 대의명분을 밝히어 세우는 역사 서술 방법.

■ **기사본말체(紀事本末體)**

역사 서술 체제의 하나. 연대나 인물이 아닌 사건에 중점을 두고 사건의 일부를 처음부터 끝까지 연차순으로 한데 모아 일관성을 지니게 한 기술 방법.

■ **시비포폄(是非褒貶)**

옳고 그름을 가리고 칭찬할 일과 나무랄 일을 가려 결정함. 전근대시기에 역사를 판단하는 중요한 가치 기준으로 작용하였음. * 褒(포) 기리다. * 貶(폄) 떨어뜨리다.

■ **합종연횡(合從連橫)**

중국 전국시대에 최강국이었던 진(秦)나라에 대항하기 위해 제기한 외교 방책인 합종책(合從策)과 연횡책(連橫策)을 함께 이르는 말. 강한 적을 상대하기 위해 여러 세력들이 이익에 따라 세력을 합치는 방책을 의미함.

빅데이터로 보는 연관 단어

- 사관(史觀)
- 청사(靑史)
- 민족(民族)
- 식민(植民)
- 정통(正統)

1장
인문/예술

3강 철학
哲學

道라는 것은 사람이 暫時도 떨어질 수 없는 것이니,
萬一 떨어질 수 있다면 道가 아니다.
그러므로 君子는 남에게 보이지 않는 곳에서도 늘 삼가며,
남에게 들리지 않는 곳에서도 늘 두려워한다.
隱密한 곳보다 더 잘 드러나는 곳이 없으며,
微細한 일보다 더 뚜렷해지는 일이 없다.
그러므로 君子는 그 內心을 삼간다.

『中庸』

3강

철학

‘철학(哲學)’은 ‘밝다’, ‘지혜’ 또는 ‘지혜가 있는 사람’이라는 의미를 가진 ‘철(哲)’과 ‘학문’의 의미를 가진 ‘학(學)’이 합쳐진 어휘이다. 범범하게 생각하면 ‘지혜에 관한 학문’이라는 뜻이라 할 수 있다. 철학은 오늘날 한국, 중국, 일본에서 모두 통용되는 어휘인데, 본래는 그리스어 philosophia에서 유래했다고 한다. philo–는 ‘사랑하다’라는 의미의 접두사이고 sophia는 지혜를 뜻한다. 따라서 ‘지혜를 사랑하다’라는 의미로 풀이할 수 있다. 19세기 후반 서양의 사상을 받아들이는 한자 문화권의 근대화 과정에서 일본인 학자 니시 아마네(西周, 1829~1897)가 이를 철학(哲學)이라는 용어로 번역하였고, 그 이후로 일반적인 한자어로 굳어지게 된 듯하다.

철(哲)은 입 구(口)에서 뜻을 가져오고, 절(折)에서 소리를 가져와 만들어진 형성자이다. 본래 자원에서는 마음 심(心)이 함께 있었으나 후에 탈락되었다. 철학이라는 용어는 근대에 만들어진 번역어이지만 철(哲)이 철학이라는 학문의 본질에 해당하는 인간의 지혜 혹은 사고(思考)를 뜻하는 말로 사용된 지는 오래 되었다. 우리가 지혜나 학식이 높은 사상가들을 철인(哲人)이라고 부르는 것도 이와 관련이 있다.

철학과 관련이 있는 학문으로 논리학(論理學)이 있다. 논리학은 철학뿐만 아니라 수학(數學)과도 관련이 있다. 논리(論理) 가운데 리(理)가 철(哲)과 합쳐지면 '아주 깊고 오묘한 이치' 혹은 '철학적인 원리나 이치'를 뜻하는 '철리(哲理)'라는 어휘가 된다. 여기서는 이치 또는 논리를 뜻하는 '리(理)'자의 자원을 함께 보겠다.

리(理)는 부수로 쓰인 옥(玉)에서 의미를 가져오고 리(里)에서 소리를 가져와 만들어진 형성자이다. 리(里)에는 '마을'이라는 뜻이 있지만 이 글자에서는 마을이라는 뜻과 상관없이 발음에만 관여한다. 보석의 일종인 옥이 다듬어지기 이전의 상태를 박옥(璞玉)이라고 하는데, 이 박옥을 잘 다듬어서 매끄럽게 만드는 일을 리(理)라고 하였다. 여기에서 뜻이 확장되어 어떤 일처리를 매끄럽게 잘 하는 것까지 뜻하게 되었다.

인간이 가지고 있는 근본적인 호기심인 '왜?'라는 질문에서부터 시작하는 철학은 사실상 모든 학문의 근간이 된다. 그리고 그 질문에 대한 대답을 합리적, 논리적으로 제시하는 것이 철학의 궁극적인 목표라고 할 수 있다. 오늘날 현대 학문의 수많은 영역은 바로 이 철학으로부터 시작되었다고 해도 과언이 아니다. 아리스토텔레스를 모든 학문, 즉 '만학(萬學)의 아버지'라고 부르는 이유도 여기에 있을 것이다. 이 장에서는 철학과 논리에 관련한 한자를 살펴보도록 하자.

함께 읽어봅시다

아리스토텔레스에 있어서 推論으로서의 歸納

歸納에 對한 아리스토텔레스의 見解는 오늘날의 哲學者들이나 論理學者들에게

도 吟味되어야 할 價値를 지니고 있다고 보인다. 筆者가 誤解하고 있는 것인지는 모르겠으나 오늘날의 論理學은 곧 形式論理學 或은 演繹論理學을 意味할 程度로 過度한 形式化의 方向으로 나아가고 있는 것 같은 느낌을 준다. 이러한 形式化의 흐름 속에서 傳統的인 아리스토텔레스의 歸納은 前提(들)가 0과 1 사이의 數學的 確率値를 갖고서 그 結論을 論理的으로 支持하는 歸納으로 解消되어 버리고 마는 것 같다. 따라서 이러한 歸納觀을 받아들일 때 演繹과 歸納의 差異란 前提(들)가 結論을 支持하는 程度가 確率값 1이냐, 或은 0보다 크지만 1보다는 작으냐의 數的 差異로 單純化되어 버리고 만다. 歸納推論의 境遇 前提들이 結論을 支持하는 程度가 果然 數學的 或은 論理的 確率値로 表現될 수 있는가도 問題이지만, 歸納과 演繹의 質的 差異가 確率値의 量的 差異로 解消되어 버릴 수 있는가는 더더욱 疑問스러운 일이다.

歸納과 演繹을 이런 式으로 區別하는 것은 事實上 歸納의 演繹化이며 論理의 形式論理化라고 하겠다. 그러나 實際로 우리는 아리스토텔레스的 意味에 있어서의 歸納推論을 行하고 있으며, 이러한 歸納推論의 境遇 前提들이 結論을 支持하는 程度를 確率値로 表現한다는 것은 大部分의 境遇 不可能하다. 歸納을 演繹化하겠다는 이와 같은 發想은 "황소에게서 젖을 짜 내겠다."는 생각만큼이나 어리석은 생각으로 보이며 前提(들)가 結論을 支持하는 程度의 確率値를 求하려는 努力이나 해보는 것이 歸納에 對해서 論理學者가 할 수 있는 모든 일이라고 주저앉는 態度는 實際로 우리가 行하고 있는 歸納推論에 對해서 적어도 論理學者로서는 外面해 버리겠다는 態度 같아 보인다. 論理學이 이처럼 實際로 우리가 行하고 있는 推論(logos)을 外面해 버리고 形式化의 길로만 가버린다면 論理學의 領域은 矮小해질 수밖에 없다. 歸納은 原來 經驗的 特性을 지닌 推論이며 그렇기 때문에 形式化의 길을 걷는 論理學에 依해서는 제대로 解明될 수가 없다. 論理學이 아리스토텔레스에 있어서 方法論, 認識論, 形而上學 等과 絶緣된 形式論理學에 不過한 것이 아니었던 理由는 바로 이런 點에서 찾아져야 할 것이다. 論理學이 過度한 形式化의 길로 치닫는다면 머지않아 論理學은 哲學이라는 學問으로부터 分家해 버리는 것이 옳을 것 같다.

– 희랍철학의 이론과 실천 (권창은, 2004, 고려대학교 출판부)

주요 한자어

① 推論 밀 추, 논할 론

推 — 推理(추리) 推進(추진) 類推(유추)

論 — 論文(논문) 論述(논술) 討論(토론) 本論(본론)

② 歸納 돌아갈 귀, 들일 납

歸 — 歸家(귀가) 歸農(귀농) 歸省客(귀성객) 事必歸正(사필귀정)

納 — 納得(납득) 納稅(납세) 獻納(헌납)

③ 論理學 논할 론, 다스릴 리, 배울 학

論 — 論說(논설) 論評(논평) 三段論法(삼단논법)

理 — 理念(이념) 理髮(이발) 理由(이유) 窮理(궁리)

學 — 學用品(학용품) 轉學(전학) 博學多識(박학다식)

④ 演繹 넓힐 연, 풀 역

演 — 演劇(연극) 講演(강연) 演藝人(연예인)

繹 — 演繹(연역)

⑤ 前提 앞 전, 끌 제

前 — 前科(전과) 前半(전반) 前轍(전철) 風前燈火(풍전등화)

提 — 提高(제고) 提示(제시) 提案(제안) 提請(제청)

⑥ **結論** **맺을 결, 논할 론**

結 結果(결과) 結末(결말) 結合(결합) 完結(완결)

論 論理(논리) 各論(각론) 卓上空論(탁상공론)

⑦ **發想** **필 발, 생각할 상**

發 發覺(발각) 發券(발권) 發惡(발악) 出發(출발)

想 想起(상기) 想像(상상) 感想(감상) 回想(회상)

⑧ **態度** **모양 태, 법도 도**

態 態勢(태세) 狀態(상태) 實態(실태) 生態界(생태계)

度 度量衡(도량형) 制度(제도) 差度(차도)

⑨ **形而上學** **모양 형, 말이을 이, 위 상, 배울 학**

形 形局(형국) 形成(형성) 圖形(도형)

而 而立(이립) 似而非(사이비)

上 上京(상경) 上陸(상륙) 上行(상행) 上八字(상팔자)

學 學校(학교) 學位(학위) 獨學(독학)

⑩ **哲學** **밝을 철, 배울 학**

哲 哲人(철인) 明哲(명철)

學 學科(학과) 學歷(학력) 勉學(면학)

함께 써봅시다

推論	推論		
歸納	歸納		
論理學	論理學		
演繹	演繹		
前提	前提		
結論	結論		
發想	發想		
態度	態度		
形而上學	形而上學		
哲學	哲學		

옛 신문 읽어보기

창조적 사상을

創造的 思想을

나는 朝鮮 民族도 哲學을 갖자는 要求를 하고 싶다. 實相 朝鮮은 文化的으로 뒤떨어져 있어 獨特한 哲學을 갖지 못하는 것이다. 過去 가졌다는 儒學과 朱子哲學이 남아 그 '태'를 조금도 벗어나지 못하고 오직 그 自體를 保持함으로써 哲學의 究極 目的으로 삼았을 뿐이었기 때문에 思想的으로 非常한 貧困을 齎來하였다. 哲學에서뿐 아니라 이것을 促進시킨 것으로 敎育 自體가 貧困을 가지고 있다.

나는 조선 민족도 철학을 갖자는 요구를 하고 싶다. 실상 조선은 문화적으로 뒤떨어져 있어 독특한 철학을 갖지 못하는 것이다. 과거 가졌다는 유학과 주자철학이 남아 그 '태'를 조금도 벗어나지 못하고 오직 그 자체를 보지함으로써 철학의 구극 목적으로 삼았을 뿐이었기 때문에 사상적으로 비상한 빈곤을 재래하였다. 철학에서뿐 아니라 이것을 촉진시킨 것으로 교육 자체가 빈곤을 가지고 있다.

– 경향신문, 1948년 1월 11일, 1면.

전공 분야 어휘

1. 經學(경전 경, 배울 학)

축자 풀이 : 유교 경서(經)를 연구하는 학문(學)

국어사전 풀이 : 사서오경을 연구하는 학문

2. 啓蒙思想(열 계, 어리석을 몽, 생각 사, 생각 상)

축자 풀이 : 어리석음(蒙)을 열어주는(啓) 사상(思想)

국어사전 풀이 : 16~18세기에 유럽 전역에 일어난 혁신적 사상. 교회의 권위에 바탕을 둔 구시대의 정신적 권위와 사상적 특권과 제도에 반대함. 인간의 이성을 통해 하나하나 따져보고 인간의 자유로운 이성을 기초로 세상을 이해하려는 경향

3. 關係(관계할 관, 이을 계)

축자 풀이 : 관련지어(關) 서로 이음(係)

국어사전 풀이 : 둘 이상의 사람, 사물, 현상 따위가 서로 관련을 맺거나 관련이 있음

4. 慣習(버릇 관, 익힐 습)

축자 풀이 : 버릇(慣)과 습관(習)

국어사전 풀이 : 어떤 사회에서 오랫동안 지켜 내려와 그 사회 성원들이 널리 인정하는 질서나 풍습. 예전부터 의심 없이 받아들여지는 어떤 것을 의미함

5. 寬容(너그러울 관, 받아들일 용)

축자 풀이 : 너그럽게(寬) 받아들임(容)

국어사전 풀이 : 남의 잘못 따위를 너그럽게 받아들이거나 용서함. 또는 그런 용서

6. 觀照(볼 관, 비출 조)

축자 풀이 : 비추어(照) 봄(觀)

국어사전 풀이 : 고요한 마음으로 사물이나 현상을 관찰하거나 비추어 봄. 다른 것은 생각하지 않고, 오직 어느 하나만을 몰입해서 바라봄

7. 功利主義(공 공, 이로울 이, 주인 주, 옳을 의)

축자 풀이 : 공적(功)과 이익(利)을 추구하는 하나의 주장(主)이나 방침(義)

국어사전 풀이 : 행위의 목적이나 선악 판단의 기준을 인간의 이익과 행복을 증진하는 데에 두는 사상. 개인의 복지를 중시하는 견해와, 최대 다수의 최대 행복을 내세우며 사회 전체의 복지를 중시하는 견해가 있음

8. 構造主義(얽을 구, 지을 조, 주인 주, 옳을 의)

축자 풀이 : 서로 얽혀(構) 지어져서(造) 기능적 연관을 이루는 하나의 주장(主)이나 방침(義)

국어사전 풀이 : '구조'는 부분이나 요소가 어떤 전체를 이룸을 의미함. 철학에서는 어떤 일을 성립시키는 것 사이의 상호 기능적 연관을 의미함. 따라서 '구조주의'는 '다양하고 역동적인 현상 이면에 존재하는 뼈대를 탐구하는 하나의 방법'으로 이해할 수 있음

9. 四書五經(넉 사, 글 서, 다섯 오, 경전 경)

축자 풀이 : 네(四) 권의 책(書)과 다섯(五) 권의 경서(經)를 아울러 이르는 말

국어사전 풀이 : 사서는 논어, 맹자, 대학, 중용이고, 오경은 시경, 서경, 역경, 예기, 춘추를 가리킴

10. 産婆術(낳을 산, 할머니 파, 꾀 술)

축자 풀이 : 아이 낳는(産) 것을 도와주는 할머니(婆)의 꾀(術)

국어사전 풀이 : 소크라테스의 진리 탐구 방법으로, 상대편에게 질문을 던져 스스로 무지(無知)를 깨닫게 함으로써 사물에 대한 올바른 개념에 도달하게 하는 방법

11. 理念(다스릴 리, 생각 념)

축자 풀이 : 이상적인(理) 생각(念)

국어사전 풀이 : 순수한 이성에 의하여 얻어지는 최고 개념. 플라톤에게서는 존재자의 원형을 이루는 영원불변한 실재(實在)를 뜻하고, 근세의 데카르트나 영국의 경험론에서는 인간의 주관적인 의식 내용, 곧 관념을 뜻하며, 독일의 관념론 특히 칸트 철학에서는 경험을 초월한 선험적 이데아 또는 순수 이성의 개념을 뜻함

12. 認識(알 인, 알 식)

축자 풀이 : 알다

국어사전 풀이 : 일반적으로 사람이 사물에 대하여 가지는, 그것이 참[眞]이라고 하는 것을 요구할 수 있는 개념. 또는 그것을 얻는 과정

13. 抽象的(뽑을 추, 모양 상, 과녁 적)

축자 풀이 : 모양(象)을 빼낸(抽) 어떠한 것(的)

국어사전 풀이 : 어떤 사물이 직접 경험하거나 지각할 수 있는 일정한 형태와 성질을 갖추고 있지 않은 것. 구체성이 없이 사실이나 현실에서 멀어져 막연하고 일반적인 것

알아두면 도움되는 한자 이야기

(『동의보감(東醫寶鑑)』 ‖ 국립민속박물관 아카이브)

동의보감(東醫寶鑑)과 명리학(命理學)으로 본 몸과 인문학(人文學)

■ **통(通)하면 아프지 않다**

동의보감을 통해 알아보는 이상적인 몸의 비밀. 고전은 시대가 변해도 계속 새로운 것을 창조해낸다. 동의보감은 어떻게 만들어졌는지, 어떤 내용을 우리에게 말해주고 있는지 함께 들어보고 섭생이란 무엇인지 동의보감 속 숨겨진 생명의 원천을 알아본다.

■ **오장육부(五臟六腑)의 상생(相生)과 상극(相剋)**

우리의 몸이 타자들의 공동체? 오행(五行)을 통해 우주를 움직이는 리듬을 알아보고 우리 몸 속 오장육부가 어떻게 구성되어 있는지 서로의 관계를 알아본다. 오장육부의 상생과 상극 균형을 통한 몸의 항상성 유지 비법을 엿본다.

■ **운명(運命)은 정해지지 않았다**

다른 곳이 아닌 우리의 몸 안에 있는 '운명'. 사주팔자(四柱八字)와 오장육부의 방향을 통해 운명을 읽다. 하늘과 땅이 운행하는 원리를 보고 사람의 운명에 적용하는 사주명리학(四柱命理學). 인생의 지혜와 비전이 될 수 있는 인생 전체의 지도, 명리학을 파고들다.

■ **운명을 사랑하라**

Amor Fati! 당신의 운명을 사랑하라. 식욕, 성욕, 재성, 관성, 인성의 진정한 뜻을 알고 명리학의 원리를 파헤치다. 명리학과 인문학의 만남을 통해 팔자타령을 넘어 자기의 운명을 즐겁게 받아들이는 생각의 전환을 이끌어내다.

■ **나이가 축복이 되려면?**

동의보감의 평균수명은 125세. 남성과 여성의 인생(人生) 주기(週期)를 알아보다. 초년, 중년, 말년에 있어 중요한 것들을 알려주는 비법(秘法)의 시간. 청춘에 대한 집착과 몸에 대한 욕망으로부터 해방하고 행복한 노년의 길을 걷는 법을 알아본다.

– EBS 기획특강 '지식의 기쁨', 2019. 9. 16.

관련 어휘와 성어

■ **형이상학(形而上學)**

⑴ 사물의 본질, 존재의 근본 원리를 사유나 직관에 의하여 탐구하는 학문. 명칭은 아리스토텔레스의 저작물의 제목에서 유래한다.

⑵ 헤겔 · 마르크스 철학에서, 비변증법적 사고를 이르는 말이다.

⑶ 초경험적인 것을 대상으로 하는 학문을, 형이하 또는 경험적 대상의 학문인 자연 과학에 상대하여 이르는 말. ⑷아리스토텔레스의 철학서. 아리스토텔레스가 제일 철학이라고 하는 이름으로 다룬 여러 문제의 연구를 후세에 정리한 것으로, 플라톤의 이데아론을 비판하고 실재론을 설명하였다. 스콜라 철학을 통하여 중세의 유럽 사상에 큰 영향을 끼쳤다 .

■ **지상명령(至上命令)**

칸트 철학에서, 행위의 결과에 구애됨이 없이 행위 그것 자체가 선(善)이기 때문에 무조건 그 수행이 요구되는 도덕적 명령이다.

■ **적자생존(適者生存)**

환경에 적응하는 생물만이 살아남고, 그렇지 못한 것은 도태되어 멸망하는 현상. 영국의 철학자 스펜서가 제창하였다.

빅데이터로 보는 연관 단어

- 정치(政治)
- 교육(敎育)
- 사상(思想)
- 경영(經營)
- 사회(社會)

1장
인문/예술

4강 미학
美學

天地는 萬物의 逆旅요,
光陰은 百代의 지나가는 길손이다.
浮萍草 같은 人生이 꿈과 같으니
기쁨을 즐기는 것이 얼마나 되겠는가?
옛사람이 촛불을 잡고 밤에 논 것은
眞實로 理由가 있었도다.
더구나 和暢한 봄이 나를 아지랑이 핀 景致로 부르고,
天地가 나에게 아름다운 文章을 빌려 주었다.

- 李白 -

4강 미학

'미학(美學)'은 '아름다움'이라는 의미를 가진 '미(美)'와 '학문'의 의미를 가진 '학(學)'이 합쳐진 어휘이다. 말 그대로 아름다움에 관한 학문이다. 이 아름다움이란 기본적으로 인간과 관련이 있다. 인간이 만들어낸 예술, 인간을 둘러싼 자연, 인간의 삶 등이 모두 미학의 학문 분야와 연관성을 지닌다. 다만 그 현상만을 찾는 것이 아니라 아름다움이 가지는 본질적인 성질, 규칙 등을 과학적으로 연구하는 학문이라 할 수 있다.

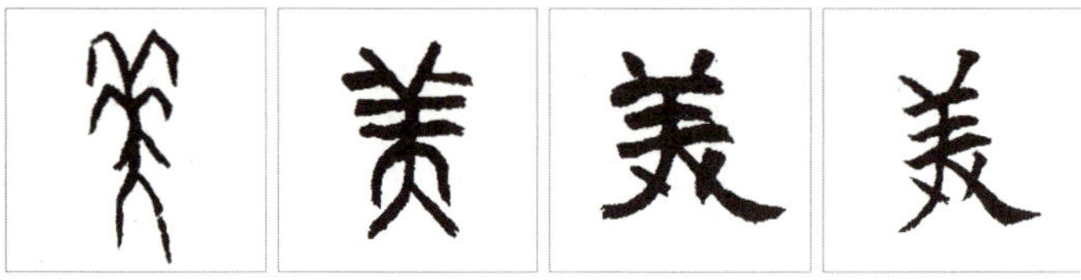

미(美)의 자원에는 두 가지 해석이 있다. 하나는 '큰 대(大)'와 '양 양(羊)'의 뜻이 모여 만든 회의자로 보는 해석이다. 옛날 사람들이 양을 아주 중요한 음식으로 여겼는데, 크고 살진 양이 맛이 좋았기 때문에 큰 양을 맛있는 것, 좋은 것, 아름다운 것으로 여겼다는 해석이다. 다른 하나는 아주 크고 아름다운 깃털 장식을 머리에 꽂은 사람의 상형자로 보는 해석이다. 아름답게 보이기 위해 머리에 멋있는 장식을 했다는 것이다.

아름다울 미(美)에 대립하는 한자로는 추할 추(醜)가 있다. 용모만을 놓고 보면 아름다움에 반대되는 추함, 못생김 등의 의미를 가지고, 그밖에도 나쁘다, 더럽다 등의 부정적인 의미를 가지는 글자이다.

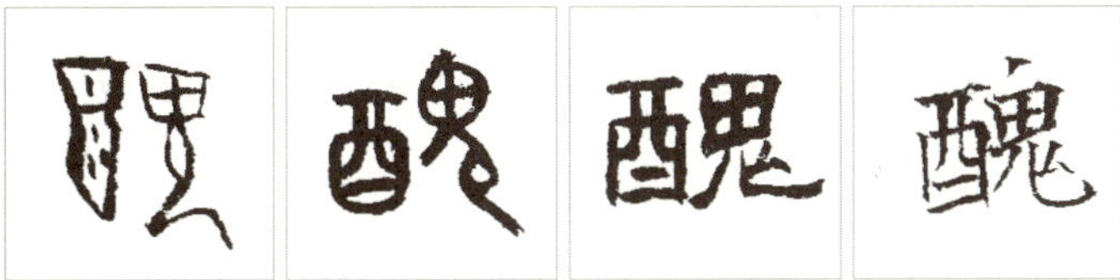

추(醜)는 술동이[酉]와 귀신[鬼]이 합쳐져서 만들어진 글자이다. 자원에 대한 해석은 여러 가지가 있다. 귀신같은 모습에 술까지 취해서 더할 나위 없이 못생기고 추악하다는 의미를 가지게 된 회의자로 보는 견해도 있고, 유(酉)에서 음을 가져오고(유→추) 귀신에서 뜻을 가져온 형성자로 보는 견해도 있다.

인간은 태생적으로 아름다운 것에 끌리고 추한 것을 멀리한다. 하지만 아름다움에 대한 판단은 극히 주관적이기 때문에 아름답다고 느끼는 이유에 대해서는 잘 알지 못한다. 아마 이성보다는 감정의 영역에 속하기 때문일 것이다. 미학은 바로 이러한 이유에 대해 감정적 접근이 아닌 논리적 접근을 하는 학문이다. 그리고 그 안에서 최대한의 보편성을 찾아내고자 하는 학문이다. 이 장에서는 아름다움에 관한 한자, 미학에 관한 한자를 알아보자.

함께 읽어봅시다

感性的 認識의 學, 美學

本來 美學을 뜻하는 '에스테틱(Aesthetics)'이란 말 自體가 '感覺", '知覺'이라는 意味의 古代 그리스語 '아이스테시스(aisthesis)'에서 왔듯이, 美學은 本質的으로 感性의 世界와 關聯되는 學問이다. 그러니까 '느낌'과 關聯되는 學, 美學은 그러한 非論理, 非合理의 資料를 論理化하여 概念的으로 說明하고자 하는 學問이다. 흔히 美學을 어려운 學問이라고 하는 理由가 바로 여기에 있다. 美는 一次的으로 感性의 對象인만큼 論理的이거나 合理的인 것이 아니기 때문이다. 感性에 呼訴하는 '아름답다'라는 느낌을 理性으로 概念化하고자하는 學問. 美學은 그래서 말하

자면 '느낌의 言語化'를 圖謀하는 學問인 셈이다. 이러한 美學이 獨立된 個別 分科 學問으로 定立된 것은 1750年 獨逸의 哲學者 바움가르텐(A. G. Baumgarten)에 依해서이다.

바움가르텐이 活動하던 18世紀 初는 合理的인 것과 規則, 傳統을 重視하는 新古典主義가 主導的 傾向을 이루고 있었고 또 한便으로 데카르트 以後 哲學的으로 排除되어왔던 感性이나 想像力 그리고 個性 等이 새로이 注目받기 始作하던 때이다. 分裂이 일어나던 時期였던 것이다. 바움가르텐은 當代의 이러한 事情을 잘 把握하고 있었고 그래서 데카르트的 理性 原理 下에서 人間의 感性 能力을 說明할 수 있는 學問이 必要하다고 判斷하였다. 그 結果, 그는 人間의 精神世界를 理性, 感性, 意志라는 세 分野로 區分해서 各各의 領域에 該當하는 獨自的인 學問 研究가 이루어져야 한다고 主張한 當時 라이프니츠(G. W. Leibniz) – 볼프(H. C. Wolff) 學派의 表象 理論을 受容하여 論理學과 倫理學 等 이미 構築되어 있는 理性 領域 및 意志 領域과 對等한 學問的 格式을 感性 領域에도 附與하기 爲해서 感性을 다루는 學問을 새로이 내세웠다. 그리고 이 學問의 이름을 '美學(Aesthetics)'이라고 命名하였다.

그는 이렇게 함으로써 그동안 哲學에서 無價値한 것으로 置簿되어 왔던 感性의 領域에도 어떤 法則性이 存在하며, 따라서 이것을 學問的으로 取扱할 수 있다고 主張하였다. 바움가르텐은 認識論에 있어서 傳統的으로 賤待받아 왔던 感性 領域에도 理性과 거의 類似한 能力이 있음을 밝힘으로써 感性을 復權시키고자 했던 것이다. (중략)

外延的으로는 明確하지만 內包에 있어서는 混亂스러운 概念, 이것이 바로 美나 藝術과 關聯된 概念이다. 바움가르텐이 美學을 "感性的 認識에 依한 學(scientia cognitionis sensitivae)이라고 定義했던 理由가 여기에 있다. 그는 感性 亦是 認識 能力을 지닌 것으로 看做하였지만 그것을 '유사이성(類似理性)'이라고 稱하였듯이, 感性은 어디까지나 理性과 類似한 것일 뿐이기 때문에 그것을 通해 이루어지는 認識은 理性에 依한 것만큼 分明할 수 없는 것이다. 바움가르텐이 感性의 認識 對象으로 삼았던 美나 藝術에는 언제나 말만으로는 다 說明할 수 없는, '알 수 없는 그 무엇(je ne sais quoi)'이 담겨져 있기 때문이다.

– 감성적 인식의 학, 美學 (노영덕, 처음 만나는 미학, 2015. 알에이치코리아)

주요 한자어

① **感性的** **느낄 감, 성품 성, 과녁 적**

感 — 感氣(감기) 感謝(감사) 情感(정감)

性 — 性格(성격) 性急(성급) 人性(인성)

的 — 的確(적확) 的否(적부) 標的(표적)

② **認識** **알 인, 알 식**

認 — 認可(인가) 認定(인정) 誤認(오인)

識 — 識見(식견) 識別(식별) 面識犯(면식범)

③ **美學** **아름다울 미, 배울 학**

美 — 美談(미담) 美聲(미성) 美食家(미식가)

學 — 進學(진학) 博學多識(박학다식) 學歷(학력)

④ **圖謀** **꾀할 도, 꾀할 모**

圖 — 圖面(도면) 圖章(도장) 圖書館(도서관) 鳥瞰圖(조감도)

謀 — 謀略(모략) 陰謀(음모) 謀事(모사) 模寫(모사)

⑤ **排除** **밀칠 배, 덜 제**

排 — 排球(배구) 排卵(배란) 排水口(배수구)

除 — 除去(제거) 除外(제외) 削除(삭제) 加減乘除(가감승제)

⑥ 注目 **물댈 주, 눈 목**

注 注目(주목) 注射(주사) 注入(주입) 發注(발주)

目 目擊(목격) 目禮(목례) 眼目(안목) 目不忍見(목불인견)

⑦ 判斷 **판가름할 판, 끊을 단**

判 判讀(판독) 判例(판례) 裁判(재판) 身言書判(신언서판)

斷 斷食(단식) 斷髮令(단발령) 禁斷現象(금단현상)

⑧ 表象 **겉 표, 모양 상**

表 表示(표시) 表情(표정) 表裏不同(표리부동)

象 象牙塔(상아탑) 氣象臺(기상대) 對象(대상)

⑨ 置簿 **둘 치, 장부 부**

置 置重(치중) 設置(설치) 措置(조치)

簿 簿記(부기) 名簿(명부) 家計簿(가계부)

⑩ 外延 **밖 외, 늘일 연**

外 外家(외가) 外賓(외빈) 外注(외주) 赤外線(적외선)

延 延長戰(연장전) 延滯(연체) 延期(연기)

⑪ 內包 **안 내, 쌀 포**

內 內亂(내란) 內侍(내시) 內査(내사) 內視鏡(내시경)

包 包容力(포용력) 小包(소포) 眞空包裝(진공포장)

⑫ 看做 **볼 간, 지을 주**

看 看過(간과) 看病(간병) 看板(간판) 走馬看山(주마간산)

做 看做(간주) 做作(주작)

함께 써봅시다

感性的	感性的		
認識	認識		
美學	美學		
圖謀	圖謀		
排除	排除		
注目	注目		
判斷	判斷		
表象	表象		
置簿	置簿		
外延	外延		
內包	內包		
看做	看做		

미학적 문예론

美學的 文藝論

本論으로 들어가기 전에 爲先 한 마디 해둘 것은 筆者가 元來 美學 專門 學徒가 아니라는 것이다. 온갖 文藝品의 內在的 要素 및 그것의 價値를 오직 科學的 規範 아래서만 解析하고 判斷하려는 純粹美學的 見解에 관해 나는 오히려 文藝創作家의 見地로서 多少의 不滿을 까닭 없이 가지는 한 사람이다. 적어도 美學的 規範이라는 것이 그 學徒가 아닌 나와 같은 자에게는 乾燥無味한 感을 주는 것은 事實이다. 더구나 筆者는 비록 아무런 理論上 根據는 가지지 못하였지만 文藝를 반드시 美學的 見解에만 隸屬시킬 必要는 없다고까지 생각하므로 말하자면 '美學的 文藝論'의 筆者로서 나는 不便한 점이 많을까 함이다.

본론으로 들어가기 전에 위선 한 마디 해 둘 것은 필자가 원래 미학 전문 학도가 아니라는 것이다. 온갖 문예품의 내재적 요소 및 그것의 가치를 오직 과학적 규범 아래서만 해석하고 판단하려는 순수미학적 견해에 관해 나는 오히려 문예창작가의 견지로서 다소의 불만을 까닭 없이 가지는 한 사람이다. 적어도 미학적 규범이라는 것이 그 학도가 아닌 나와 같은 자에게는 건조무미한 감을 주는 것은 사실이다. 더구나 필자는 비록 아무런 이론상 근거는 가지지 못하였지만 문예를 반드시 미학적 견해에만 예속시킬 필요는 없다고까지 생각하므로 말하자면 '미학적 문예론'의 필자로서 나는 불편한 점이 많을까 함이다.

– 동아일보, 1927년 6월 18일, 3면.

전공 분야 어휘

1. 感性(느낄 감, 성품 성)

축자 풀이 : 대상에 대한 성질 또는 성품(性)을 느낌(感)

국어사전 풀이 : 자극이나 자극의 변화를 느끼는 성질

2. 本能(근본 본, 능할 능)

축자 풀이 : 근본적인(本) 능함(能). 본래(本) 잘하는(能) 것

국어사전 풀이 : 어떤 생물체가 태어난 후에 경험이나 교육에 의하지 않고 선천적으로 가지고 있는 억누를 수 없는 감정이나 충동

3. 審美(살필 심, 아름다울 미)

축자 풀이 : 아름다움(美)을 살핌(審)

국어사전 풀이 : 아름다움을 살펴 찾음

4. 造形美(지을 조, 모양 형, 아름다울 미)

축자 풀이 : 지어진(造) 모양(形)의 아름다움(美)

국어사전 풀이 : 어떤 모습을 입체감 있게 예술적으로 형상하여 표현하는 아름다움

5. 藝術(재주 예, 꾀 술)

축자 풀이 : 여러 재주(藝)와 꾀(術)

국어 사전풀이 : 특별한 재료, 기교, 양식 따위로 감상의 대상이 되는 아름다움을 표현하려는 인간의 활동 및 그 작품. 공간 예술, 시간 예술, 종합 예술 따위로 나눌 수 있음

6. 美學(아름다울 미, 배울 학)

축자 풀이 : 아름다움(美)에 관한 학문(學)

국어사전 풀이 : 자연이나 인생 및 예술 따위에 담긴 미의 본질과 구조를 해명하는 학문

7. 感覺(느낄 감, 깨달을 각)

축자 풀이 : 느끼고(感) 깨달음(覺)

국어사전 풀이 : 눈, 코, 귀, 혀, 살갗을 통하여 바깥의 어떤 자극을 알아차림

8. 技術(재주 기, 꾀 술)

축자 풀이 : 재주(技)와 꾀(術)

국어사전 풀이 : 과학 이론을 실제로 적용하여 사물을 인간 생활에 유용하도록 가공하는 수단

9. 文化(글월 문, 될 화)

축자 풀이 : 글(文)이 됨(化)

국어사전 풀이 : 자연 상태에서 벗어나 일정한 목적 또는 생활 이상을 실현하고자 사회 구성원에 의하여 습득, 공유, 전달되는 행동 양식이나 생활양식의 과정 및 그 과정에서 이룩하여 낸 물질적 · 정신적 소득을 통틀어 이르는 말. 의식주를 비롯하여 언어, 풍습, 종교, 학문, 예술, 제도 따위를 모두 포함

9. 價値觀(값 가, 값 치, 볼 관)

축자 풀이 : 값어치(價値)를 매기는 관점(觀)

국어사전 풀이: 가치에 대한 관점. 인간이 자기를 포함한 세계나 그 속의 사물과 현상 등에 대하여 가지는 평가의 근본적 태도

10. 個人主義(낱 개, 사람 인, 주인 주, 옳을 의)

축자 풀이 : 하나(個)의 사람(人)이 주(主)가 되고 옳음(義)

국어사전 풀이 : 개인의 소질과 능력을 최대한으로 신장하여, 완전한 개인을 만드는 것을 궁극적인 목적으로 삼는 태도

11. 觀念(볼 관, 생각 념)

축자 풀이 : 보이는 것(觀)에 대한 생각(念)

국어사전 풀이 : 사고(思考)의 대상이 되는 의식의 내용, 심적 형상 등을 통틀어 이르는 말

알아두면 도움되는 한자 이야기

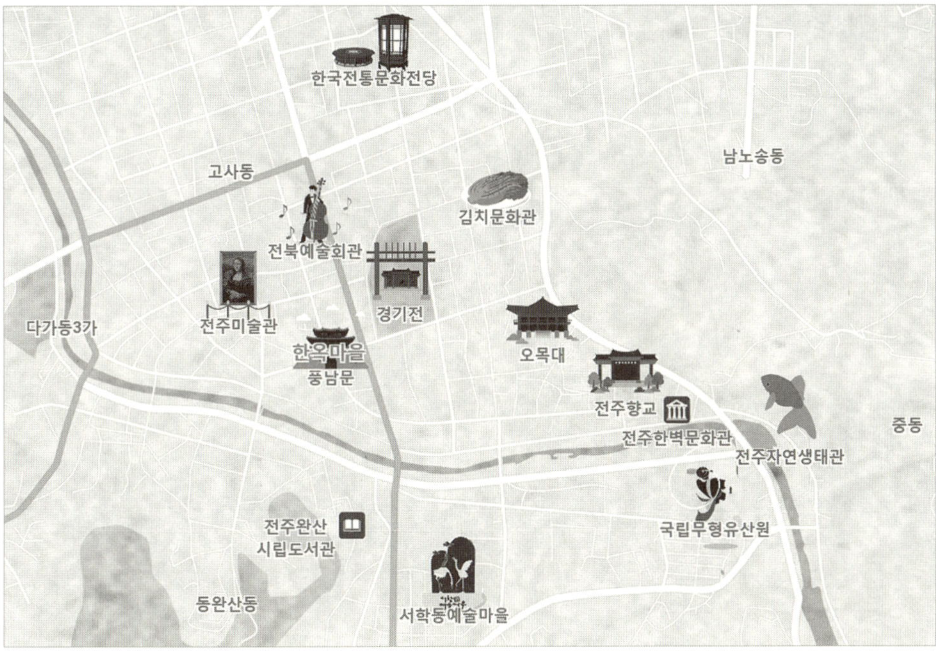

(전주 한옥마을 지도)

전주(全州) 한옥(韓屋)마을, 느림의 미학(美學)

전주에는 한옥마을이 있다. 매년 천만 명 이상의 사람들이 다녀가는 이곳은 '도시형 국제슬로시티'라는 전주의 위상에 걸맞게 도심 한복판에서 천천히 걸으며 느림의 미학(美學)을 만끽(滿喫)할 수 있다. '전주향교(全州鄕校)'는 공자를 비롯한 다섯 성인의 위패와 우리나라 동방18현의 신위가 모셔진 곳이고, '풍남문(豊南門)'은 전주부성 4대문 중 남문으로 호남제일성으로 불려진다. '풍(豊)'은 풍요로움을 뜻하기도 하지만, 여기서는 '풍패(豊沛)'*, 즉 조선왕실의 '풍패'라는 의미를 가진다. '한벽당(寒碧堂)'은 정자 앞에 옥처럼 맑고 차가운 물이 흐르는 것을 '벽옥한류(碧玉寒流)'같다고 한 데서 '한벽당'이라는 이름이 붙었다고 한다.

* 한나라를 건국한 유방의 고향인 풍현, 패군이란 지명에서 앞 한 글자씩 따서 만든 말로, 전주가 전주이씨의 본향이기 때문에 붙인 것.

관련 어휘와 성어

- **묵색창윤(墨色蒼潤)**

그림이나 글씨의 먹빛이 썩 좋아 예술적인 아름다움이 있음.

- **백화제방(百花齊放)**

많은 꽃이 일제히 핌. 온갖 학문이나 예술, 사상 따위가 함께 성(盛)함을 비유적으로 이르는 말.

- **견강부회(牽强附會)**

이치에 맞지 않는 말을 억지로 끌어 붙여 자기에게 유리하게 함.

빅데이터로 보는 연관 단어

- 예술(藝術)
- 영화(映畫)
- 작품(作品)
- 철학(哲學)
- 미술(美術)

2장
사회 · 문화

5강 법학
法學

百姓을 사랑하는 根本은
씀씀이를 節約함에 있고,
씀씀이를 節約하는 根本은
儉素함에 달려 있다.
儉素한 뒤에야 淸廉할 수 있고
淸廉한 뒤에야 仁慈할 수 있으니,
儉素함은 百姓을 다스림에 있어
가장 먼저 힘써야 할 바이다.

- 丁若鏞 -

5강

법학

'법학(法學)'은 법(法)에 관한 학문이다. 단순히 법을 학문적 연구 대상으로 삼아 해석과 원리만을 다루는 것이 아니라, 법이 사회에 미치는 영향이나 역할 등에 대해서까지 다룬다. 오늘날 법학을 인문학 분야가 아니라 사회과학 분야에서 다루는 이유도 여기에 있다.

현재 사용하는 글자는 '물 수(水)'와 '갈 거(去)'가 합쳐진 간단한 형태이지만, 본래의 자원을 살펴보면 법(法)의 초기 글자는 무척 복잡한 형태를 띤다. 물 수와 갈 거 외에 짐승의 모습처럼 생긴 복잡한 상형자가 덧붙여 있었기 때문이다. 이 동물에 대해서는 여러 의견이 있지만 시비나 선악을 판단하여 죄인을 처벌한다는 상상속의 동물 해채[獬廌]라고 본다. 본래 음은 해채이지만 우리나라에서는 해태 또는 해치라고 부르고 있다. 이러한 원형을 조합해서 보자면 이 글자는 시비나 선악을 판단하여 물 흐르듯 공정하게 제거하는 것이었다고 할 수 있다.

법과 유사한 의미를 가지는 글자로 '법칙 률(律)'이 있다. 법을 상위의 개념으로 본다면 률(律)은 법률, 규율, 규칙, 음률 등의 좀 더 세부적인 의미를 갖는다.

률(律)은 뜻을 나타내는 彳(조금 걸을 척) 자와 소리를 나타내는 聿(붓 율)이 합쳐져서 만들어진 글자이다. 붓으로 법령을 써서 널리 보급한다는 의미로 본다면 붓 율(聿)이 뜻을 갖는 글자로 사용되기 때문에 회의 겸 형성으로 볼 수도 있다.

사람과 사람 사이에는 언제나 이해관계가 얽히고설켜 있다. 그리고 그런 관계 속에서 수많은 분쟁이 일어나고 있다. 그런 분쟁을 제도적으로 해결해줄 수 있는 것이 바로 법률이다. 그렇기 때문에 법은 모든 사람 앞에서 공평해야만 한다. 이 장에서는 법, 법률과 관련한 한자를 알아보자.

함께 읽어봅시다

憲法의 槪念的 基礎

■ 成文憲法과 不文憲法

成文憲法과 不文憲法의 分類는 憲法이 成文의 憲法典의 形態로 存在하는지의 與否에 따른 것이다. 大部分의 國家는 '統一된 成文의 憲法典'을 두고 있다. 反面에 英國, 프랑스 第3共和國, 1978年 12月 憲法制定 以前의 스페인, 이스라엘 等과 같이 統一된 成文의 憲法典을 두지 않고 있지만, 實質的으로 憲法의 機能을 하는 成文의 法律(例컨대 英國의 大憲章, 權利請願, 權利章典, 王位繼承法, 議會法, 國籍法, 人權法 等) 또는 憲法慣習法 等의 不文의 憲法規範을 갖고 있는 境遇를 우리는 '不文憲法國家'라고 부른다.

勿論 成文憲法國家에서도 不文의 慣習憲法이 存在할 可能性은 있다. 그러나 憲法裁判所가 首都가 서울이라는 것은 慣習憲法이며, 慣習憲法은 成文憲法과

同一한 法的 效力을 가지기 때문에 이를 變更하기 爲해서는 成文憲法의 改正이 必要하다고 判示한 것에 對해서는 憲法學界의 날카로운 批判이 있었다.

硬性憲法과 軟性憲法

硬性憲法과 軟性憲法의 分類는 憲法의 改正方法에 따른 것이다. 卽 憲法을 一般法律과는 달리 特別한 節次에 따라서만 改正될 수 있도록 되어 있는 境遇를 硬性憲法이라 부르는 反面에, 憲法의 改正을 一般法律과 同一한 方式으로 하는 境遇를 軟性憲法이라 부른다.

大部分의 國家는 憲法이 最高法으로서 特別한 地位와 比重, 그리고 安定性을 가져야 한다는 點에서 硬性憲法을 採擇하고 있다. 다만 그 境遇에도 憲法改正의 具體的 方式은 多樣한 形態로 나타난다. 또한 이러한 區別은 成文의 憲法典을 前提로 하는 것이기 때문에 不文憲法에는 該當되지 않는다.

欽定憲法, 民定憲法, 協約憲法, 國約憲法

欽定憲法, 民定憲法, 協約憲法, 國約憲法의 分類는 憲法制定의 主體에 따른 것이다. 欽定憲法은 君主가 主體가 되어 制定한 憲法으로서 君主主權의 思想에 基礎한 것을 말한다. 民定憲法은 이와 反對로 國民이 主體가 되어 制定한 憲法으로서 國民主權의 思想에 基礎한 것이다. 그리고 協約憲法은 君主와 國民의 合意에 依해 制定된 憲法을 말하며, 國約憲法은 國家間의 合意에 依하여 制定된 憲法을 가리킨다.

이러한 分類는 君主主權思想과 國民主權思想이 對立하던 時期에 重要한 實際的 意味를 갖고 있었으나, 오늘날에는 더 以上 現實的 意味를 갖지 못하고 있다.

– 장영수, 『헌법학』, 홍문사, 2007.

주요 한자어

① 成文 이룰 성, 글월 문

成 — 成果(성과) 成立(성립) 完成(완성) 大器晩成(대기만성)

文 — 文明(문명) 文書(문서) 判決文(판결문) 法條文(법조문)

② 共和國 함께 공, 화목할 화, 나라 국

共 — 共同(공동) 共有(공유) 共存(공존) 共犯(공범)

和 — 和諧(화해) 平和(평화) 和睦(화목) 同而不和(동이불화)

國 — 國民(국민) 國法(국법) 國會(국회) 傾國之色(경국지색)

③ 法律 법 법, 법 률

法 — 法典(법전) 民法(민법) 刑法(형법) 憲法(헌법)

律 — 律士(율사) 規律(규율) 調律(조율) 律動(율동)

④ 規範 법 규, 법 범

規 — 法規(법규) 規則(규칙) 規定(규정) 正規職(정규직)

範 — 範圍(범위) 示範(시범) 模範(모범) 師範大學(사범대학)

⑤ 慣習 버릇 관, 익힐 습

慣 — 慣例(관례) 慣性(관성) 慣行(관행) 慣用(관용)

習 — 習慣(습관) 習得(습득) 弊習(폐습) 常習犯(상습범)

⑥ 改正

고칠 개, 바를 정

改　改閣(개각) 改善(개선) 改革(개혁) 改過遷善(개과천선)

正　正義(정의) 正常(정상) 矯正(교정) 事必歸正(사필귀정)

⑦ 該當

갖출 해, 해당할 당

該　該博(해박) 當該(당해)

當　當選(당선) 當時(당시) 配當(배당) 當事者(당사자)

⑧ 主權

주인 주, 권리 권

主　君主(군주) 主張(주장) 主宰(주재) 世帶主(세대주)

權　權利(권리) 權限(권한) 司法權(사법권) 永住權(영주권)

⑨ 制定

만들 제, 정할 정

制　統制(통제) 制御(제어) 制約(제약) 以夷制夷(이이제이)

定　安定(안정) 決定(결정) 判定(판정) 會者定離(회자정리)

⑩ 合意

합할 합, 뜻 의

合　融合(융합) 統合(통합) 合議(합의) 合理的(합리적)

意　意圖(의도) 意見(의견) 意味(의미) 反意思不罰罪(반의사불벌죄)

함께 써봅시다

成文	成文		
共和國	共和國		
法律	法律		
規範	規範		
慣習	慣習		
改正	改正		
該當	該當		
主權	主權		
制定	制定		
合意	合意		

옛 신문 읽어보기

대한민국 임시헌장

大韓民國 臨時憲章

우리 民族은 優秀한 傳統을 가지고 스스로 開拓한 疆土에서 悠久한 歷史를 通하여 國家 生活을 하면서 人類의 文明과 進步에 偉大한 貢獻을 하였다. 우리 國家가 强盜 日本에게 敗亡된 뒤에 全 民族은 國家의 獨立을 渴望하였고 無數한 先烈들은 피와 눈물로써 民族自由의 回復에 努力하여 三一 大革命에 이르러 全民族의 要求와 時代의 趨向에 應하여 政治 經濟 文化 其他 一切 制度에 自由 平等 및 進步를 基本精神으로 한 새로운 大韓民國과 臨時議政院과 臨時政府가 建立되었고 아울러 臨時憲章이 制定되었다. 이에 本院은 25年의 經驗을 積하여 第36回 會議에서 大韓民國 臨時憲章을 凡七章 共六十二條로 修改하였다.

우리 민족은 우수한 전통을 가지고 스스로 개척한 강토에서 유구한 역사를 통하여 국가 생활을 하면서 인류의 문명과 진보에 위대한 공헌을 하였다. 우리 국가가 강도 일본에게 패망된 뒤에 전 민족은 국가의 독립을 갈망하였고 무수한 선열들은 피와 눈물로써 민족자유의 회복에 노력하여 삼일대혁명에 이르러 전민족의 요구와 시대의 추향에 응하여 정치 경제 문화 기타 일체 제도에 자유 평등 및 진보를 기본정신으로 한 새로운 대한민국과 임시의정원과 임시정부가 건립되었고 아울러 임시헌장이 제정되었다. 이에 본원은 25년의 경험을 적하여 제36회 회의에서 대한민국 임시헌장을 범칠장 공육십이조로 수개하였다.

— 동아일보, 1945년 12월 8일, 1면.

전공 분야 어휘

1. 夫婦別産制(남편 부, 아내 부, 따로 별, 재산 산, 제도 제)

축자 풀이 : 남편(夫)과 아내(婦)가 따로(別) 재산(財産)을 소유하는 제도

국어사전 풀이 : 부부가 혼인 전부터 가진 각각의 재산과 혼인 중 자기의 명의로 취득한 재산을 특유 재산으로 하여 각자 관리하고 사용하며 수익하게 하는 제도

2. 親族相盜例(친할 친, 가족 족, 서로 상, 훔칠 도, 법식 례)

축자 풀이 : 친족(親族) 사이에서 서로(相) 훔치는 일(盜)에 대한 특례(例)

국어사전 풀이 : 친족 사이의 재산에 관련된 범죄에 대한 특례. 강도죄와 손괴죄를 제외한 재산죄에 대해 친족 간의 범죄는 형을 면제하거나 고소가 있어야 논함

3. 裁量權(결정할 재, 헤아릴 량, 권리 권)

축자 풀이 : 결정하고(裁) 헤아릴(量) 수 있는 권리(權)

국어사전 풀이 : 어떤 일을 자기의 생각대로 헤아려 처리할 수 있는 자격이나 권리

4. 執行猶豫(잡을 집, 행할 행, 오히려 유, 미리 예)

축자 풀이 : 일을 잡아(執) 시행하는(行) 일을 늦추고(猶) 머뭇거림(豫)

국어사전 풀이 : 범죄자에게 형벌을 선고할 때, 정상을 참작하여 일정 기간 형의 집행을 미루는 일

5. 諾成契約(승낙할 낙, 이룰 성, 맺을 계, 계약 약)

축자 풀이 : 승낙으로(諾) 이루어지는(成) 계약(契約)

국어사전 풀이 : 당사자끼리의 합의 표시가 일치하면 성립하는 계약

6. 謀害證據湮滅罪(꾀할 모, 해칠 해, 증명 증, 근거 거, 묻힐 인, 없앨 멸, 죄 죄)

축자 풀이 : 해롭게(害) 하기를 모의하여(謀) 증거(證據)를 숨기거나(湮) 없애는(滅) 죄(罪)

국어사전 풀이 : 피고인, 피의자, 징계혐의자 등을 해롭게 할 목적으로 관련 증거를 인멸함으로써 성립하는 죄

7. 作爲犯(지을 작, 할 위, 범죄 범)

축자 풀이 : 의도를 가지고 행동을 만들어(作) 한 것(爲)에 대한 범죄(犯)

국어사전 풀이 : 행위자의 적극적인 동작에 의해 행해지는 범죄

8. 抗訴(막을 항, 하소연할 소)

축자 풀이 : 대항하여(抗) 소송하는(訴) 일

국어사전 풀이 : 소송에서 제1심의 판결에 불복하여 상소하는 일

9. 求刑(구할 구, 형벌 형)

축자 풀이 : 형벌(刑)을 요구(求)함

국어사전 풀이 : 형사 재판에서, 피고인에게 어떠한 형벌을 줄 것을 검사가 판사에게 요구하는 행위

10. 宣告(펼 선, 알릴 고)

축자 풀이 : 펴서(宣) 알리는(告) 일

국어사전 풀이 : 공판정에서 재판의 판결을 공표하는 행위

알아두면 도움되는 한자 이야기

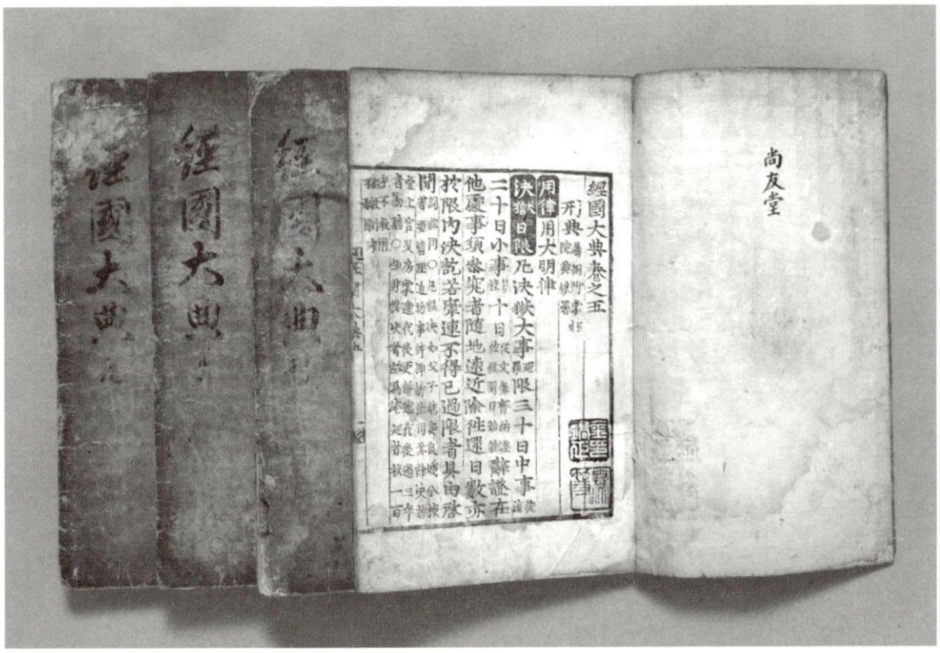

(『경국대전』 ‖ 서울역사박물관 소장)

조선의 법전, 경국대전(經國大典)

조선 시대를 다룬 사극(史劇)에서 가장 많이 언급되는 법전(法典)은 단연 『경국대전(經國大典)』이다. 유교를 국시(國是 : 국가의 이념이나 정책의 주요 방침)로 삼은 조선은 유교의 바탕 위에서 정치 · 경제 · 사회 · 문화의 기본 시스템을 구축해 나갔다. 이 시스템을 뒷받침하기 위해서는 체계적인 제도와 법을 마련하는 일이 필수적이었는데, 바로 그 법을 담은 책이 『경국대전』이다.

『경국대전』은 세조(世祖) 때 작업을 시작하여 성종(成宗) 때 완성하였다. 조선의 법 체계는 기본적으로 중국의 제도를 수용하여 자국의 현실에 맞게 수정하여 적용하는 방식이었다. 『경국대전』 이전에도 『조선경국전(朝鮮經國典)』, 『경제육전(經濟六典)』 등의 법전이 있기는 하였지만, 그 내용이 부실하거나 현실과는 괴리된 부분이 많았다. 이러한 한계를 직시하고 조선의 상황에 들어맞도록 정비한 법전이 바로 『경국대전』이다.

『경국대전』은 국가와 사회의 다양한 일들을 이호예병형공(吏戶禮兵刑工)이라 불리는 육조(六曹)의 체계로 나누어 법을 제시하였다. 이조(吏曹)에서는 중앙과 지방의 관제(官制)나 인사(人事)에 관한 내용을, 호조(戶曹)에서는 조세(租稅) · 호적(戶籍) · 매매(賣買) 등에 관한 내용을, 예조(禮曹)에서는 관혼상제(冠婚喪祭) · 외교(外交) · 외교문서(外交文書) 등에 관한 내용을, 병조(兵曹)에서는 군사(軍事)에 관한 내용을, 형조(刑曹)에서는 형벌(刑罰)과 재판(裁判)에 관한 내용을, 공조(工曹)에서는 도량형(度量衡)이나 운송(運送)에 관한 내용을 담고 있다.

관련 어휘와 성어

■ **삼장지목(三丈之木)**

3장(丈) 높이의 나무. 진(秦)나라에서 법령을 새롭게 만들었는데 백성들이 잘 믿지를 않았다. 이에 사람들이 많이 다니는 길에 3장 높이의 나무를 세워두고서 그 나무를 옮기면 큰 상금을 내리겠다고 하였다. 백성들이 믿지를 않고 있었는데 어느 한 사람이 그 나무를 옮기자 실제로 큰 상금을 내려 법의 엄정함을 믿게끔 했다는 고사이다.

■ **조령모개(朝令暮改)**

아침에 내린 명령을 저녁에 바꾼다는 말. 법령이 일관되지 못하고 너무 쉽게 바뀌는 경우를 비판하는 표현이다.

■ **읍참마속(泣斬馬謖)**

울면서 마속(馬謖)의 목을 베는 참형을 시행한 일. 중국 후한(後漢) 때 촉(蜀)의 제갈량(諸葛亮)이 아끼던 장수 마속의 실수를 용서하지 않고 군법에 의해 참형을 시행했다. 대의와 원칙을 위해 사사로운 정을 버리는 것을 비유하는 말이다.

빅데이터로 보는 연관 단어

- 변호사(辯護士)
- 위반(違反)
- 보호(保護)
- 국회(國會)
- 상담(相談)

2장
사회 · 문화

6강 행정
行政

百姓이 가장 貴하고
나라가 그 다음이며
君主가 가장 가볍다

- 孟子 -

6강

행정

'행정(行政)'은 '실행하다'라는 의미를 가진 '行(행)'과 '정치'라는 의미를 가진 '政(정)'이 결합하여 만들어진 어휘이다. 글자 그대로 풀이하면 '정치를 행하다'라는 의미가 된다.

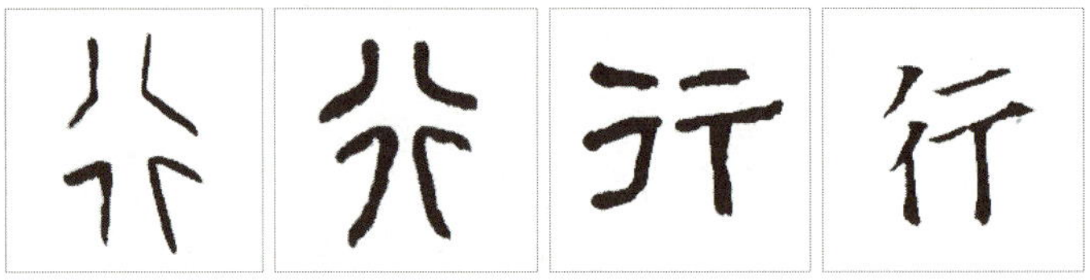

행(行)의 자원에는 두 가지 설이 있다. 하나는 사람이 천천히 걷거나 조금 빠르게 달리는 모습을 합친 글자라는 설이다. 천천히 걷거나 조금 빠르게 달린다는 의미가 확장되어 '다니다'라는 의미가 되었다는 것이다. 다른 하나로 사람들이 많이 다니는 '네거리'를 본뜬 상형글자라는 설이 있다. 네거리에서는 사람들이 많이 지나다니기 때문에 차츰 '거리', '다니다'라는 의미로 확장되었다는 것이다. 어느 쪽으로 보든 결국 사람들이 다리를 움직여 옮겨 다니는 것이기 때문에 기본 뜻은 '다니다'가 되었다.

여기에서부터 의미가 차츰 확장되어 '길', '도로', '유행하다' 등의 뜻까지 가지게 되었다. 아울러 말을 실제 모습으로 보이는 '행동', '행동하다', '실행하다'라는 의미까지 확장되었다.

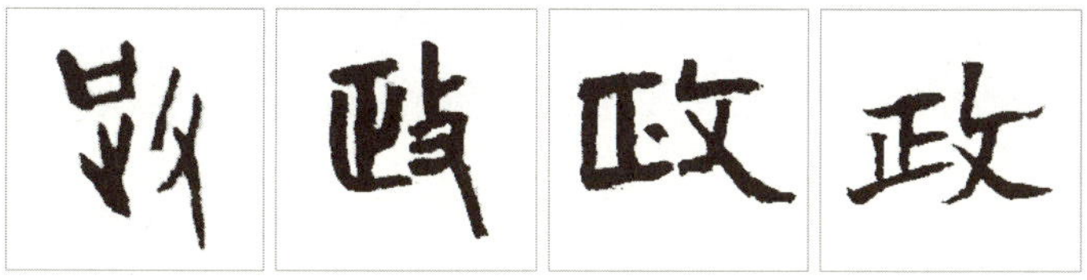

정(政)은 소리를 나타내는 정(正)과 뜻을 나타내는 문(攴=文)이 결합하여 만들어진 글자이다. 여기서 부수로 사용된 등글월 문(攴)은 일반적으로 몽둥이를 들고서 치거나 때리는 것을 의미한다. '공격하다'라는 의미를 가진 공(攻), 나쁜 적과 싸운다는 의미를 가진 적(敵)을 떠올려보면 짐작할 수 있다.

정(政)의 왼쪽에는 소리와 의미를 함께 나타내는 정(正)이 있다. 5획으로 되어 있어 계산이 쉽기 때문에 선거에서 숫자 5를 대신하기도 하는 이 글자는 '바르다'라는 의미를 갖고 있다. 따라서 정(政)은 '몽둥이를 들고 때려서라도 잘못된 것을 바르게 만든다'라는 의미를 갖게 되었다. 『논어(論語)』에서도 "정치란 바로잡는 것이다.[政者, 正也]"라고 하였으니, 아주 오래 전에도 정치란 결국 정치하는 사람이 자신을 바로잡고, 백성을 바른 길로 이끄는 데 있다고 생각했음을 알 수 있다.

이처럼 '실행하다'라는 의미를 가지는 행(行)과 '정치'라는 의미를 가지는 정(政)이 합쳐져서 만들어진 행정(行政)은 사실 그 쓰임이 오래 되었다. 『맹자(孟子)』「양혜왕상(梁惠王上)」편에서는 가르침을 청하는 양혜왕에게 맹자가 다음과 같이 대답한다. "백성의 부모가 되어 정치를 행하였으나 짐승들이 사람을 잡아먹는 일을 면하게 해주지 못한다면 그 어디에 백성의 부모됨이 있겠습니까?[爲民父母, 行政, 不免於率獸而食人, 惡在其爲民父母也?]" 여기서 맹자가 말한 행정(行政)이 바로 '정치를 행하는 일'이며 위정자가 국가의 일을 관장하는 일을 의미한다.

본래 행정은 정치 또는 공무 처리와 관련한 조치에 일반적으로 넓게 쓰였지만, 오늘날에는 법을 만드는 입법(立法), 그리고 법을 집행하는 사법(司法)과 병치되는 정치 활동 일반을 가리키는 말로 주로 쓰이고 있다. 오늘날 우리나라의 행정 분야에서 사용되는 어휘들을 통해 그 내용을 자세히 알아보자.

함께 읽어봅시다

옴부즈만(Ombudsman) 制度

옴부즈만 制度는 여러 機能이 있을 수 있으나 行政權의 擴大 · 多樣化 및 裁量權의 增加에 따른 權利保護의 不充分에 對하여 議會의 介入을 通한 行政救濟制度의 缺陷을 補完함으로써 國民의 權利保護의 機會를 擴大하고자 하는 것이 主要한 機能이라 할 수 있다.

옴부즈만은 스웨덴語로 代理人(agent)을 意味하는 것으로 違憲 乃至 不正한 行政活動에 對하여 非司法的인 手段으로 國民을 保護하는 官職이라고 할 수 있으며 護民官이라고도 부른다. 옴부즈만 制度는 스웨덴에서 1809年 司法護民官制度, 1915년 軍事護民官制度를 採擇하여 始作된 것으로 스칸디나비아 帝國에서 採擇되고 英 · 美 等으로 擴散되어 20世紀 中盤 以後 널리 採擇된 制度이다.

議會가 任命하는 立法部 所屬의 公務員으로서, 身分은 保障되며 職務上 獨立되어 있다. 行政作用의 取消 · 變更이 認定되지 않고 關係機關에 對하여 當該 行政作用의 取消 · 變更을 勸告할 수 있을 뿐이다. 民願의 提起가 없어도 職權으로 公務員의 職務執行을 調査할 수 있으며, 業務處理의 固定된 節次가 없으므로 行政作用에 對한 低廉한 費用으로 迅速한 處理가 可能하다.

주요 한자어

① 制度

만들 제, 법도 도

制 — 統制(통제) 制御(제어) 制約(제약) 以夷制夷(이이제이)

度 — 角度(각도) 强度(강도) 度量(도량) 參與度(참여도)

② 機能

틀 기, 능할 능

機 — 機械(기계) 機關(기관) 昇降機(승강기)

能 — 能力(능력) 能率(능률) 能熟(능숙) 能力者(능력자)

③ 行政

행할 행, 정치 정

行 — 流行(유행) 旅行(여행) 行列(행렬) 訥言敏行(눌언민행)

政 — 政治(정치) 政府(정부) 財政(재정) 爲政者(위정자)

④ 裁量

마를 재, 헤아릴 량

裁 — 裁斷(재단) 決裁(결재) 裁判(재판) 仲裁委員會(중재위원회)

量 — 多量(다량) 分量(분량) 量的(양적) 降雨量(강우량)

⑤ 官職

벼슬 관, 벼슬 직

官 — 官僚(관료) 官吏(관리) 官公署(관공서) 貪官汚吏(탐관오리)

職 — 求職(구직) 教職(교직) 職業(직업) 微官末職(미관말직)

⑥ 採擇

캘 채, 가릴 택

採 — 採用(채용) 採點(채점) 採集(채집)

擇 — 選擇(선택) 擇日(택일) 兩者擇一(양자택일)

⑦ 任命 **맡길 임, 명할 명**

任 任務(임무) 留任(유임) 辭任(사임) 任命權者(임명권자)

命 命令(명령) 亡命(망명) 命名(명명) 美人薄命(미인박명)

⑧ 公務員 **공변될 공, 임무 무, 사람 원**

公 公告(공고) 公開(공개) 公正(공정) 公共事業(공공사업)

務 事務(사무) 任務(임무) 服務(복무) 稅務士(세무사)

員 隊員(대원) 滿員(만원) 社員(사원) 乘務員(승무원)

⑨ 民願 **백성 민, 원할 원**

民 民心(민심) 民俗(민속) 市民(시민) 貧民(빈민)

願 念願(염원) 所願(소원) 哀願(애원) 國民請願(국민청원)

⑩ 執行 **잡을 집, 행할 행**

執 固執(고집) 執着(집착) 我執(아집) 執行部(집행부)

行 擧行(거행) 試行(시행) 慣行(관행) 執行猶豫(집행유예)

함께 써봅시다

制度	制度		
機能	機能		
行政	行政		
裁量	裁量		
官職	官職		
採擇	採擇		
任命	任命		
公務員	公務員		
民願	民願		
執行	執行		

옛 신문 읽어보기

신 민정장관에게

新 民政長官에게

軍政이란 軍事占領의 本來
目的을 達成하기 위한
臨時的·變態的 政治 形態이므로
軍은 可及的 政治의 大綱만을
把握하고 政治의 實際는 平時의
機構로 運營하는것이 常道이다.
美軍政이 一年半이 지나서 겨우
立法行政의 機能을 朝鮮人에게
移行하는 態勢를 取한 것은
軍政이 不遠 끝나리라는
豫測에서가 아니었다면
異族統治의 未經驗에서 온
所致이다. 軍政은 本質的으로는
專制이나 最大限度로
民主化하는 것은 民主政治의
美國으로서 當然한 일이다.
異民族統治는 如何한 善良한
意圖를 가지더라도 被統治者의
處地에서는 隔靴搔癢의
感을 면하기 어렵다. 이것이
民族自決을 부르짖는 所以이다.

군정이란 군사점령의 본래 목적을 달성하기 위한 임시적 · 변태적 정치 형태이므로 군은 가급적 정치의 대강만을 파악하고 정치의 실제는 평시의 기구로 운영하는 것이 상도이다. 미군정이 일년 반이 지나서 겨우 입법행정의 기능을 조선인에게 이행하는 태세를 취한 것은 군정이 불원 끝나리라는 예측에서가 아니었다면 이족통치의 미경험에서 온 소치이다. 군정은 본질적으로는 전제이나 최대한도로 민주화하는 것은 민주정치의 미국으로서 당연한 일이다. 이민족통치는 여하한 선량한 의도를 가지더라도 피통치자의 처지에서는 격화소양의 감을 면하기 어렵다. 이것이 민족자결을 부르짖는 소이이다.

– 경향신문, 1947년 2월 12일, 1면.

전공 분야 어휘

1. 救濟(건질 구, 건널 제)

축자 풀이 : (어려움이나 위험에 빠진 사람을) 돕거나(救) 구해줌(濟)

국어사전 풀이 : 법에 위반되거나 옳지 않은 행정 작용을 바로잡고, 행정 작용으로 인한 국민의 재산상의 손해를 보상하는 제도를 통틀어 이르는 말

2. 命令(명할 명, 명령 령)

축자 풀이 : 무엇을 하도록 시키는 일 또는 내용(命令)

국어사전 풀이 : 행정 기관이 행정 목적을 위해 직권으로 내리는 모든 명령

3. 審判(살필 심, 판결할 판)

축자 풀이 : 살피고(審) 판결함(判)

국어사전 풀이 : 행정상의 법률관계에 관해 분쟁이 있을 때, 행정 기관이 이를 심리하거나 판결하는 절차

4. 節次(마디 절, 차례 차)

축자 풀이 : 마디(節)와 차례(次) → 거쳐야 할 일정한 단계와 방법

국어사전 풀이 : 행정 기관이 규칙의 제정, 쟁송의 재결, 결정 따위의 행정 행위를 할 경우 따라야 할 절차

5. 指導(가리킬 지, 이끌 도)

축자 풀이 : 가리키고(指) 이끄는 일(導)

국어사전 풀이 : 행정 기관이 행정 객체에 대해 권력적이나 법적인 행위에 의하지 않고 조언, 요청, 권장, 주의, 경고 따위의 수단으로 정책 목적을 달성하려는 일

6. 處分(처리할 처, 나눌 분)

축자 풀이 : 구별에 맞게(分) 처리함(處)

국어사전 풀이 : 개인이나 법인이 자신이 지닌 권리나 권리의 객체에 변동을 줌

7. 行爲(행할 행, 할 위)

축자 풀이 : 행하는 일(行)과 하는 일(爲)

국어사전 풀이 : 행정 기관이 행정권에 의해 법규를 구체적으로 적용하고 집행하는 행위

8. 協定(화합할 협, 정할 정)

축자 풀이 : 마음을 합해(協) 결정함(定)

국어사전 풀이 : 국회의 승인 없이 행정부가 단독으로 맺는 국가 간의 협정. 행정부의 고유 권한에 속하는 사항이나 기존의 조약 또는 국내법으로 용인된 사항에 대해 체결한다

9. 組織(짤 조, 짤 직)

축자 풀이 : 끈으로 얽어서(組) 만듦(織)

국어사전 풀이 : 국가 및 공공 단체의 행정 기관의 조직 및 권한에 관한 체계

10. 管理(다스릴 관, 처리할 리)

축자 풀이 : 관할하고(管) 처리함(理)

국어사전 풀이 : 어떤 사무를 맡아 처리하고 관할함

알아두면 도움되는 한자 이야기

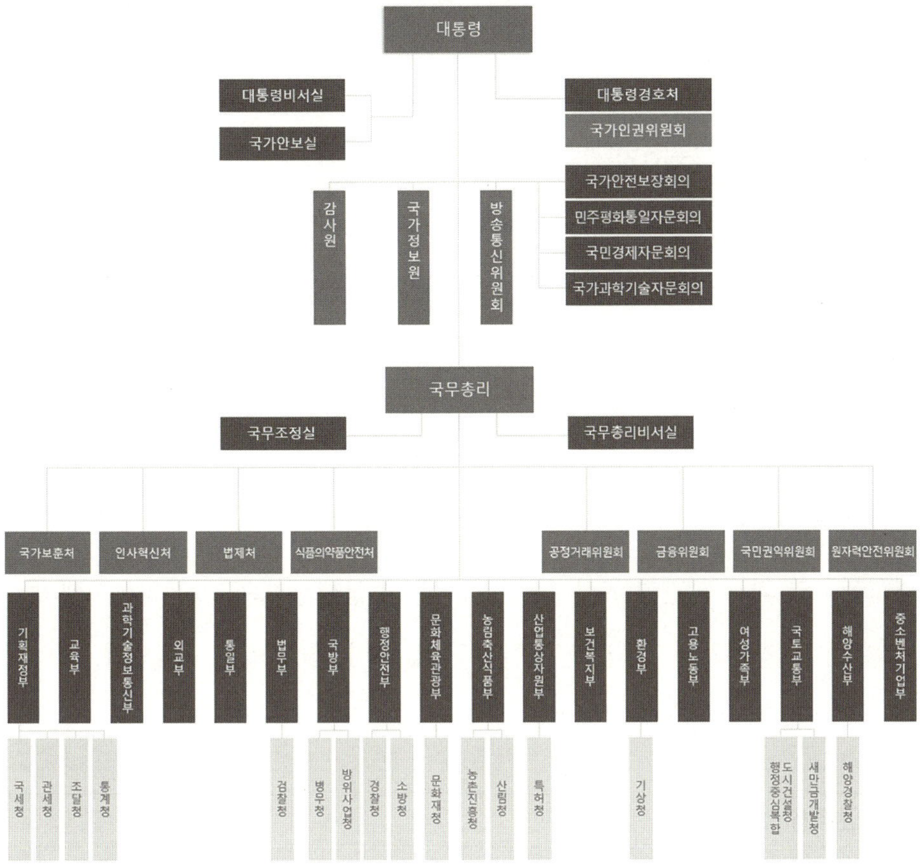

(우리나라의 행정부 조직도(2019년 12월 현재) ‖ 행정안전부 홈페이지)

대한민국의 행정부서 18부(部)

우리나라의 정부 조직은 정부의 수반(首班)인 대통령(大統領), 그리고 대통령의 명을 받아 중앙행정기관의 장을 지휘 · 감독하는 국무총리(國務總理), 그리고 국무총리가 특별히 위임하는 사무를 수행하는 부총리(副總理)와 18부(部) 5처(處), 17청(廳), 2원(院) 4실(室), 6위원회(委員會)로 구성된다.

■ 기획재정부(企劃財政部)

기획재정부는 거시경제(巨視經濟)를 안정적으로 운용하고 경제 정책 조정과 중장기 경제사회 발전방향 및 연차별 경제정책방향을 수립하고 총괄하는 기관이다.

■ 교육부(教育部)

교육부는 아이들 각자가 지닌 다양성이 존중받고 재능과 잠재력을 충분히 펼칠 수 있는 기회를 제공하며 조건과 형편에 상관없이 대한민국 어디서든, 누구든 공평하게 꿈을 키워갈 수 있는 교육을 실현하고자 한다.

■ 과학기술정보통신부(科學技術情報通信部)

과학기술정보통신부는 과학기술정책과 정보통신기술(ICT)에 관한 중앙행정기관으로, 우리 국민의 무한한 상상력과 창의력을 첨단 과학기술과 ICT를 통해 창의적 자산으로 만들고, 국가 발전에 꼭 필요한 새로운 부가가치, 일자리, 성장 동력을 창출하는 역할을 한다.

■ 외교부(外交部)

대한민국의 외교와 관련한 사무를 관장하는 중앙행정기관으로, 외교정책의 수립 및 시행, 경제외교 및 국제경제협력 외교, 조약 및 그 밖의 국제협정, 재외 동포 정책의 수립 등을 목표로 한다.

■ 통일부(統一部)

통일 및 남북대화 · 교류 · 협력 · 인도지원에 관한 정책의 수립, 북한 정세 분석, 통일교육 · 홍보, 그 밖에 통일에 관한 사무를 관장하는 중앙행정기관이다.

■ 법무부(法務部)

법질서 확립, 인권 옹호, 법무 서비스 제공을 통해 범죄로부터 안전한 사회 구현, 법과 질서를 존중하는 문화 구현, 사회통합적 인권보호체계 구축, 창조경제 기반 지원, 손톱 밑 가시를 뽑는 국민행복 법무정책 추진, 안전과 통합의 외국인 정책을 추진한다.

■ **국방부(國防部)**

국방에 관련된 사무를 관장하는 중앙행정기관으로, 외부의 군사적 위협과 침략으로부터 국가보위, 평화통일을 뒷받침, 지역 안정과 세계 평화에 기여하는 기관이다.

■ **행정안전부(行政安全部)**

대한민국의 법령 및 조약의 공포, 정부 조직과 정원, 행정 능률, 전자정부 운영, 지방자치제도 등에 관한 사무를 관장하는 중앙행정기관이다.

■ **문화체육관광부(文化體育觀光部)**

문화예술의 창달과 체육 · 관광 진흥 업무를 담당하는 중앙행정기관으로, '문화가 있는 삶'을 실현하기 위하여 문화, 예술, 체육, 관광, 종교, 미디어, 홍보 등 여러 분야에서 다양한 정책을 추진하고 있다.

■ **농림축산식품부(農林畜産食品部)**

농산 · 축산 · 식량 · 농지 · 수리(水利) · 식품산업진흥, 농촌 개발 및 농산물 유통 등에 관한 사무를 관장하는 중앙행정기관이다.

■ **산업통상자원부(産業通商資源部)**

대한민국의 산업, 통상 및 자원과 관련한 사무를 관장하는 중앙행정기관으로, 우리 경제의 지속적인 성장 동력 확충과 일자리 창출, 부문 간 균형 있는 성장을 위해 노력하고 있다.

■ **보건복지부(保健福祉部)**

빈곤, 질병, 노령 등 사회적 위험으로부터 국민을 보호하고, 일자리와 균등한 사회참여 기회를 제공하며, 평생복지를 위한 생애 주기별 맞춤형 보건 복지 정책으로 국민 삶의 질을 향상시키기 위해 노력한다.

■ **환경부(環境部)**

환경부는 환경오염과 환경훼손을 예방하고 지속 가능하게 관리 · 보전함으로써 모든 국민이 건강하고 쾌적한 삶을 누릴 수 있도록 다양한 기본계획 및 중장기 종합 계획의 수립과 집행을 하고 나아가 지구환경을 보전하는 것을 주요 업무로 한다.

■ **고용노동부(雇傭勞動部)**

고용정책과 근로에 대한 사무를 총괄하는 중앙행정기관으로, 고용률 70%, 일자리의 질 향상, 활력 있고 안전하며 든든한 일터 조성, 미래창조형 상생의 노사관계 구축을 통하여 국가 발전과 국민의 행복을 달성하고자 노력한다.

■ **여성가족부(女性家族部)**

여성가족부는 변화하는 사회환경에 부응하여 일과 가정 양립과 경제활동에 대한 실질적 지원 및 다양한 가족형태에 맞는 보편적인 지원을 강화하고 여성, 아동, 청소년이 안전한 사회를 만들기 위해 앞장선다.

■ **국토교통부(國土交通部)**

국토교통부는 국토의 체계적인 개발과 보존, 교통물류체계 구축 등의 사무를 관장한다.

■ **해양수산부(海洋水産部)**

해양수산부는 해양의 개발 이용 보존 정책 등을 관장한다.

■ **중소벤처기업부(中小벤처企業部)**

중소벤처기업부는 중소벤처기업중심의 경제구조로 전환될 수 있도록 중소벤처기업이 일자리 창출과 소득주도 성장을 하기 위해 앞장선다.

관련 어휘와 성어

■ 가정맹어호(苛政猛於虎)

백성들에게 펼쳐지는 가혹한 정치가 사나운 호랑이보다도 더 무섭다는 말. 공자(孔子)가 태산(泰山)을 지날 때 무덤 옆에서 통곡하고 있는 아낙네를 보고서 그 이유를 물었다. 대답을 들어보니 아버지, 남편, 자식까지 3대가 모두 사나운 호랑이에게 죽임을 당했다고 하였다. 공자가 이곳을 떠나 집을 옮기는 것이 어떻겠느냐고 묻자 다른 곳은 세금이 훨씬 무거워서 옮길 수도 없다는 대답을 들었다. 이를 통해 공자가 "가혹한 정치가 호랑이보다도 무섭다"라는 말을 남겼다.

■ 고복격양(鼓腹擊壤)

'배(腹)를 두드리고 흙덩이(壤)를 친다'라는 뜻으로, 정치가 잘 이뤄져 태평한 세월을 즐기고 있음을 의미한다. 성군(聖君)으로 꼽히는 요(堯)임금이 천하를 통치한 지 50년이 지난 어느 날, 자신의 통치에 대한 백성들의 반응을 알아보기 위해 평상복 차림으로 거리에 나섰다. 그 과정에서 머리가 하얀 한 노인이 우물우물 무언가를 씹으면서 손으로 '배를 두드리고 발로 땅을 구르며(鼓腹擊壤)' 흥겹게 노래를 부르는 모습을 보았다. 이 고사에서부터 비롯하여 백성들이 정치를 완전히 잊을 정도로 태평하게 지내고 있음을 뜻하는 고복격양이 태평성세를 뜻하는 성어로 사용되었다.

■ 신상필벌(信賞必罰)

공이 있으면 상을 내리고 죄가 있으면 벌을 내림. 상과 벌이 적절하게 제대로 이뤄지는 경우를 말함.

빅데이터로 보는 연관 단어

- 도시(都市)
- 기관(機關)
- 지방(地方)
- 자치(自治)
- 수도(首都)

2장
사회 · 문화

7강 교육
敎育

사람이 이 世上에 살아감에,
學問이 아니고서는 사람다운 사람이 될 수가 없다.
學問이란 異常하거나 別난 것이 아니다.
但只 어버이로서 子息을 사랑하고,
子息으로서 어버이께 孝道하며,
臣下로서 나라에 忠誠하고,
지아비 지어미로서 各其 自己 本分을 지키며,
兄이나 아우로서 서로 友愛하고,
나이 적은 사람으로서 나이 많은 이를 恭敬하며,
벗으로서 서로 미덥게 하는 것이 學問이니,
모두가 日常生活에 있어서
일마다 마땅하게 하는 것일 따름이다.

– 李珥 –

7강

교육

'교육(敎育)'은 '가르치다'라는 의미를 가진 '敎(교)'와 '기르다'라는 의미를 가진 '육(育)'이 합쳐져 만들어진 어휘이다. 기본적으로는 어떤 목적을 가지고 기술이나 기능을 가르친다는 의미를 갖지만, 일반적으로는 '(학교 또는 가정에서) 사회생활에 필요한 지식, 기술, 인성, 체력 등을 갖도록 가르치는 조직적이고 체계적인 활동'이라는 의미를 갖는다.

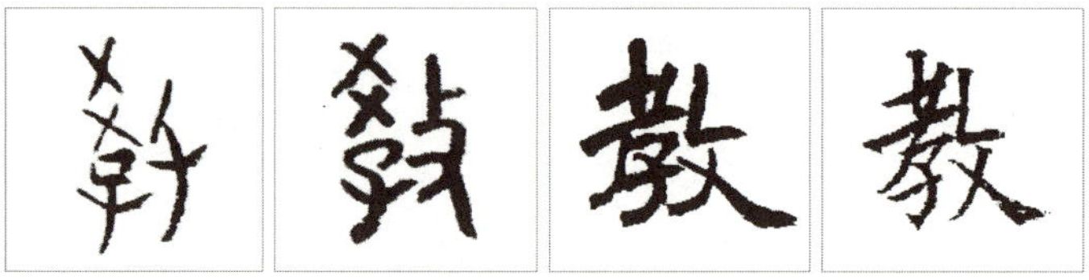

교(敎)의 자원을 보면 본래 효(爻), 자(子), 복(攴)이라는 세 가지 구성 요소로 이루어져 있다. 복(攴)은 '매를 들고 때리다'라는 의미를 가지고 있다. 그러므로 자식을 매로 때리면서 무언가를 가르친다는 의미가 된다. 여기서 무언가는 '효(爻)'에 해당하는 부분인데, 효(爻)에 대해서는 이견이 분분하다. 숫자 계산을 할 때 사용하는 산가지라는 설도 있고, 줄을 꼬는 모습이라고 해석하는 설도 있다. 어느 쪽이든 살아가는 데 필요한 실용적인 사항을 가르친다고 보면 좋을 듯하다.

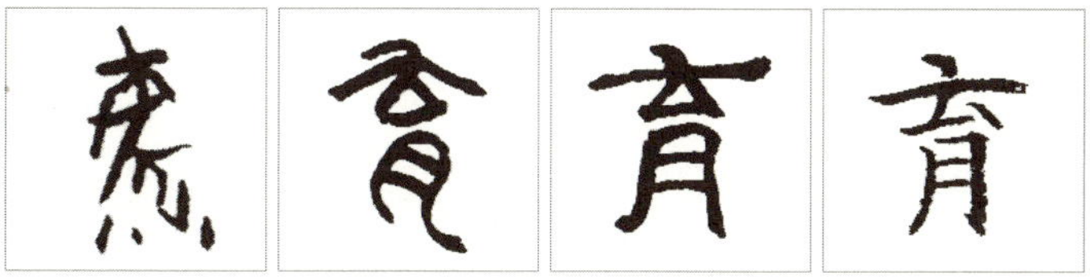

육(育)의 자원은 비교적 명쾌하다. 위에는 산모(産母)가 있고, 아래에는 갓 태어난 아기가 그려져 있다. 아이를 막 낳은 모습이며, 여기에서 뜻이 파생되어 '낳다', '기르다', '자라다' 등의 의미를 갖게 되었다.

오늘날과 같은 어휘의 형태는 아니지만 '가르치다'는 의미의 教(교)와 '기르다'는 의미의 育(육)이 합쳐진 교육은 오래 전부터 사용되었다. 맹자는 군자의 즐거움으로 세 가지를 손꼽았는데, 그 가운데 세 번째 즐거움이 바로 "천하의 영재를 얻어서 가르치는 것[得天下英才而教育之]"이다. 인재(人材)를 만나 자신이 가진 지식과 기술을 전해줄 수 있는 것이 군자로서 행할 수 있는 가장 큰 즐거움 가운데 하나라는 의미이다. 오늘날 우리 주변에서 교육과 관련하여 어떤 한자 어휘들이 사용되고 있는지 알아보자.

함께 읽어봅시다

스승이란

百年 사이에 風俗이 나날이 허물어져 제 집으로 스승을 끌어들여 飼育하듯이 하면서 그 子弟를 가르치게 하고 있다. 그들의 子弟는 平素 驕慢한 데다 또 飼育하는 듯이 하는 權勢를 가지고 스승을 대한다. 스승 또한 權威를 세울 수가 없으니, 꾸짖을 수도 없고 회초리를 들 수도 없다. 그저 자기 일만 할 뿐이다. 子弟들이 스승을 卑下하고 그 가르침을 받으니 정말로 學業이 進步될 리가 없다. 그러면 또 스승이 힘이 없다고 責望하니 이는 썩은 고삐를 주고서 사나운 말을 몰도록 하는 것과 같을 뿐이다. 이 때문에 똑똑한 이들은 이러한 사람을 스승으로 여

기지 않는다. 그렇게 스승이 된 자는 다만 무엇인가를 구하는 것만 있을 뿐이기 때문이다.

어릴 때부터 習慣이 이렇게 들고 나면, 長成한 後 山林에서 名望이 높아 權力을 쥘 만한 사람을 가려서 스승으로 삼지만, 한 해가 다 지나도록 學業을 익힌 적이 없고 그저 그 門人이 되었다는 이름만 빌려서 大衆들에게 狐假虎威하여 떠벌리게 된다. 그러다가 마침내 그 스승을 災殃으로 모는 이도 많다. 이는 思慕하는 바가 權力에 있지 德에 있지 않은 것이다. 그러니 스승 삼는 일이 또한 어려운 것이 아니겠는가?

그렇다면 子弟를 가르칠 때 어디에서부터 시작하여야 하는가? 스승에게 가서 工夫를 하도록 하여야 할 것이며, 館師(가정교사)에게 맡겨서는 아니 된다. 어릴 적부터 스승의 道理가 嚴重하다는 것을 안 다음에야 비로소 배움으로 나아가야 옳다. 임금과 아버지는 그 地位가 定해져 있지만, 스승은 定해진 地位가 없다. 오직 道가 있는 바를 스승으로 삼는다. 또 어찌 그 貴賤과 尊卑를 가릴 수 있겠는가? 德은 自身에게 있는 것이요, 權力은 남에게 있는 것이다. 배우는 사람이 자신을 위한 爲己之學을 해야 하겠는가, 아니면 남을 위한 爲人之學을 해야 하겠는가?

– 성해응(成海應, 1760~1839), 〈사설(師說)〉

주요 한자어

① 風俗 **바람 풍, 풍속 속**

風　風土(풍토)　風景(풍경)　逆風(역풍)　風樹之歎(풍수지탄)

俗　俗世(속세)　俗談(속담)　俗說(속설)　民俗(민속)

② 子弟 **아들 자, 아우 제**

子　子息(자식)　子女(자녀)　孫子(손자)　子子孫孫(자자손손)

弟　兄弟(형제)　弟子(제자)　弟夫(제부)　難兄難弟(난형난제)

③ 權威 **권력 권, 위엄 위**

權　權力(권력)　權利(권리)　政權(정권)　權不十年(권불십년)

威　威勢(위세)　威力(위력)　示威(시위)　威風堂堂(위풍당당)

④ 學業 **배울 학, 일 업**

學　學校(학교)　學生(학생)　大學(대학)　教學相長(교학상장)

業　企業(기업)　就業(취업)　事業(사업)　自業自得(자업자득)

⑤ 進步 **나아갈 진, 걸음 보**

進　進學(진학)　進上(진상)　進路(진로)　進退兩難(진퇴양난)

步　步兵(보병)　步行(보행)　驅步(구보)　萬步計(만보계)

⑥ 責望 **꾸짖을 책, 바랄 망**

責　責務(책무)　有責(유책)　責任感(책임감)

望　希望(희망)　怨望(원망)　望夫石(망부석)　望雲之情(망운지정)

⑦ **習慣** **익힐 습, 버릇 관**

習 — 習得(습득) 習作(습작) 學習(학습) 慣習法(관습법)

慣 — 慣性(관성) 慣例(관례) 慣行(관행) 慣用語(관용어)

⑧ **思慕** **생각할 사, 사모할 모**

思 — 思考(사고) 思想(사상) 意思(의사) 易地思之(역지사지)

慕 — 愛慕(애모) 欽慕(흠모) 慕華館(모화관) 慕竹旨郎歌(모죽지랑가)

⑨ **工夫** **장인 공, 사내 부**

工 — 工事(공사) 工業(공업) 工兵(공병)

夫 — 人夫(인부) 士大夫(사대부) 夫婦(부부) 夫唱婦隨(부창부수)

⑩ **嚴重** **엄할 엄, 무거울 중**

嚴 — 嚴正(엄정) 嚴守(엄수) 威嚴(위엄) 嚴冬雪寒(엄동설한)

重 — 重要(중요) 重責(중책) 尊重(존중) 愛之重之(애지중지)

함께 써봅시다

風俗	風俗		
子弟	子弟		
權威	權威		
學業	學業		
進步	進步		
責望	責望		
習慣	習慣		
思慕	思慕		
工夫	工夫		
嚴重	嚴重		

옛 신문 읽어보기

국민교육헌장

國民教育憲章

우리는 民族中興의 歷史的 使命을 띠고 이 땅에 태어났다. 祖上의 빛난 얼을 오늘에 되살려 안으로 自主獨立의 姿勢를 確立하고, 밖으로 人類共榮에 이바지할 때다. 이에, 우리의 나아갈 바를 밝혀 教育의 指標로 삼는다.

誠實한 마음과 튼튼한 몸으로, 學問과 技術을 배우고 익히며, 타고난 저마다의 素質을 啓發하고, 우리의 處地를 躍進의 발판으로 삼아, 創造의 힘과 開拓의 精神을 기른다. 公益과 秩序를 앞세우며 能率과 實質을 崇尙하고, 敬愛와 信義에 뿌리박은 相扶相助의 傳統을 이어받아, 明朗하고 따뜻한 協同 精神을 북돋운다. 우리의 創意와 協力을 바탕으로 나라가 發展하며, 나라의 隆盛이 나의 發展의 根本임을 깨달아, 自由와 權利에 따르는 責任과 義務를 다하며, 스스로 國家 建設에 參與하고 奉仕하는 國民 精神을 드높인다.

反共 民主 精神에 透徹한 愛國 愛族이 우리의 삶의 길이며, 自由 世界의 理想을 實現하는 基盤이다. 길이 後孫에 물려줄 榮光된 統一 祖國의 앞날을 내다보며, 信念과 矜持를 지닌 勤勉한 國民으로서, 民族의 슬기를 모아 줄기찬 努力으로, 새 歷史를 創造하자.

우리는 민족중흥의 역사적 사명을 띠고 이 땅에 태어났다. 조상의 빛난 얼을 오늘에 되살려, 안으로 자주독립의 자세를 확립하고, 밖으로 인류 공영에 이바지할 때다. 이에, 우리의 나아갈 바를 밝혀 교육의 지표로 삼는다.

성실한 마음과 튼튼한 몸으로, 학문과 기술을 배우고 익히며, 타고난 저마다의 소질을 계발하고, 우리의 처지를 약진의 발판으로 삼아, 창조의 힘과 개척의 정신을 기른다. 공익과 질서를 앞세우며 능률과 실질을 숭상하고, 경애와 신의에 뿌리박은 상부상조의 전통을 이어받아, 명랑하고 따뜻한 협동 정신을 북돋운다. 우리의 창의와 협력을 바탕으로 나라가 발전하며, 나라의 융성이 나의 발전의 근본임을 깨달아, 자유와 권리에 따르는 책임과 의무를 다하며, 스스로 국가 건설에 참여하고 봉사하는 국민 정신을 드높인다.

반공 민주 정신에 투철한 애국 애족이 우리의 삶의 길이며, 자유 세계의 이상을 실현하는 기반이다. 길이 후손에 물려줄 영광된 통일 조국의 앞날을 내다보며, 신념과 긍지를 지닌 근면한 국민으로서, 민족의 슬기를 모아 줄기찬 노력으로, 새 역사를 창조하자.

– 동아일보, 1968년 12월 5일, 1면.

전공 분야 어휘

1. **教科**(가르칠 교, 과목 과)

축자 풀이 : 가르칠(教) 과목(科)

국어사전 풀이 : 학교에서 교육의 목적에 맞게 가르쳐야 할 내용을 계통적으로 짜 놓은 일정한 분야

2. **教育**(가르칠 교, 기를 육)

축자 풀이 : 가르치고(教) 기름(育)

국어사전 풀이 : 지식과 기술 따위를 가르치며 인격을 길러 줌

3. **動向**(움직일 동, 향할 향)

축자 풀이 : 움직여(動) 향(向)함

국어사전 풀이 : 사람들의 사고, 사상, 활동이나 일의 형세 따위가 움직여 가는 방향

4. **補修教育**(기울 보, 닦을 수, 가르칠 교, 기를 육)

축자 풀이 : 깁고(補) 닦는(修) 교육(教育)

국어사전 풀이 : 어떤 기술이나 학문에 대하여 보충하여 행하는 교육

5. **外在的**(바깥 외, 있을 재, 과녁 적)

축자 풀이 : 바깥(外)에 있는(在) 어떤 것(的)

국어사전 풀이 : 어떤 사물이나 범위의 외부에 있는. 또는 그런 것

6. **遠隔**(멀 원, 사이 뜰 격)

축자 풀이 : 사이가 멀리(遠) 떨어짐(隔)

국어사전 풀이 : 멀리 떨어져 있음

7. 戰略(싸움 전, 다스릴 략)

축자 풀이 : 싸움(戰)을 다스림(略)

국어사전 풀이 : 정치, 경제 따위의 사회적 활동을 하는 데 필요한 책략. 최근 교육학에서는 수업에 활용할 수 있는 상세한 수준의 방법까지를 의미함

8. 適性(맞을 적, 성품 성)

축자 풀이 : 무언가에 알맞은(適) 성질(性)

국어사전 풀이 : 어떤 일에 알맞은 성질이나 적응 능력. 또는 그와 같은 소질이나 성격

9. 指導書(가리킬 지, 이끌 도, 글 서)

축자 풀이 : 가리키고(指) 이끄는(導) 책(書)

국어사전 풀이 : 지도하는 데 도움이 되도록 만든 책

10. 進路(나아갈 진, 길 로)

축자 풀이 : 나아가는(進) 길(路)

국어사전 풀이 : 앞으로 나아갈 길

11. 學問(배울 학, 물을 문)

축자 풀이 : 배우고(學) 물음(問)

국어사전 풀이 : 어떤 분야를 체계적으로 배워서 익힘. 또는 그런 지식

12. 學習(배울 학, 익힐 습)

축자 풀이 : 배우고(學) 익힘(習)

국어사전 풀이 : 배워서 익힘. 경험의 결과로 나타나는, 비교적 지속적인 행동의 변화나 그 잠재력의 변화. 또는 지식을 습득하는 과정

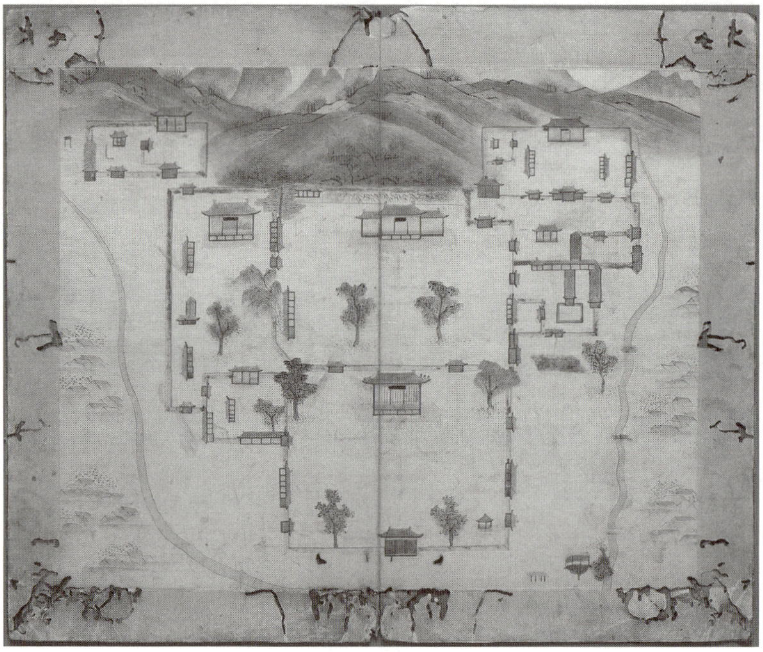

(1747년 성균관 조감도 〈반궁도(泮宮圖)〉 ‖ 서울역사박물관)

조선의 교육기관

■ **서원(書院)**

서원은 인재를 키워내기 위해 지방에 설립한 사설 교육 기관이다. 유교의 성현(聖賢)들을 모시고 제사를 지내는 기능을 겸했다. 따라서 제사를 지내는 건물인 사우(祠宇)와 학생들을 교육시키는 서재(書齋) 건물로 나뉘어 있다. 오늘날로 치면 지방 사립대학교에 해당한다. 우리나라 최초의 서원은 주세붕(周世鵬)이 세운 백운동서원(白雲洞書院)이며, 이 서원은 후에 명종(明宗)의 사액(賜額)을 받아 소수서원(紹修書院)으로 이름이 바뀌었다. 2019년에 문화적인 가치를 인정받아 소수서원 등 9개 서원이 유네스코 세계문화유산으로 등재되었다.

■ 향교(鄕校)

향교는 중앙정부에서 세운 지방 교육 기관이다. 지방 유생의 교육과 문묘의 제향(祭享)을 담당하였으며, 지역사회에 유교문화를 정착시키는 데에 중요한 역할을 하였다. 오늘날로 치면 지방 국공립대학에 해당한다.

16세기 이후 서원의 역할이 커지면서 향교의 역할과 위상은 상대적으로 축소되었으나, 지방 군현 단위의 관학 기관으로 일정한 역할을 수행하였다. 오늘날 전국 지명에 교동(校洞), 명륜동(明倫洞), 향교리(鄕校里) 등이 남아 있는 곳은 대체로 예전에 향교가 위치해 있던 곳이다.

■ 성균관(成均館)

성균관은 중앙정부에서 세운 국립 교육 기관이다. 태학(太學), 문묘(文廟), 반궁(泮宮), 행단(杏壇) 등의 명칭으로도 불린다. 향교, 서원과 마찬가지로 유교의 성현들에 대한 제사 기능을 겸하였다. 매년 봄과 가을에 유교의 성현들에 대한 제사를 올리는 석전제(釋奠祭)를 거행하고 있다.

소과(小科)인 생원시(生員試)와 진사시(進士試)에 합격해야만 성균관 입학 자격이 주어졌다. 성균관 유생들은 당시의 엘리트로 대접받으며 상소 등을 통해 여론 형성에 일정한 역할을 담당하기도 하였다. 입학 정원은 보통 200명이었으나 유동적이었다고 한다.

관련 어휘와 성어

■ **형설지공(螢雪之功)**

집이 가난하여 책을 읽을 수 있는 불을 밝힐 기름을 살 형편이 안 되는 상황에서 반딧불이를 잡아 그 빛으로 공부를 했다는 고사. 어려운 상황에서도 노력하여 공부에 성취를 이루게 되었음을 의미.

■ **맹모삼천지교(孟母三遷之教)**

맹자(孟子)의 어머니가 아들인 맹자의 교육을 위해 세 차례나 이사를 했다는 고사. 맹자가 어렸을 때 집이 공동묘지 근처에 있었는데 어린 맹자가 상여 흉내만 냈다고 한다. 다음으로 시장 근처로 이사를 하고 나니 장사치 흉내만 냈다고 한다. 다시 공자를 모시는 문묘(文廟) 근처로 이사를 가자 맹자가 비로소 예절을 배우기 시작하고, 그곳에 정착했다고 한다.

■ **수불석권(手不釋卷)**

손에서 책을 놓지 않음. 늘 책을 가까이하며 공부에 힘을 쓰는 모습.

빅데이터로 보는 연관 단어

- 학교(學校)
- 학생(學生)
- 대학(大學)
- 과정(課程)
- 교사(敎師)

2장
사회 · 문화

8강 종교
宗敎

當身에게 主의 祝福과 加護가 함께 하기를.
主께서 當身에게 상냥하게 微笑 지어 주시기를.
主께서 當身에게 그 빛나는 얼굴을
向하고 平和를 下賜해 주시기를.

- 聖經 -

8강

종교

'종교(宗敎)'는 우리말 사전에서 "초자연적인 절대자의 힘에 의존하여 인간 생활의 고뇌를 해결하고 삶의 궁극적 의미를 추구하는 문화 체계"라고 풀이하고 있다. 이 풀이에 따르면 애니미즘(animism)이나 토테미즘(totemism)과 같은 원시 신앙에서부터 기독교 · 천주교 · 불교 · 이슬람교 · 힌두교 등과 같은 오늘날의 종교에 이르기까지 모두 종교의 범위에 들어간다고 할 수 있다. 오늘날 한자문화권에서 사용하고 있는 종교라는 어휘는 영어 religion의 번역어로 알려져 있다. 우리나라에서는 19세기 후반부터 서양의 선교사들이 남긴 기록 혹은 서양 문화를 경험하고 돌아와 기록을 남긴 개화 사상가들에게서 사용 흔적이 보인다.

한자사전을 찾아보면 일반적으로 '종(宗)'의 첫 번째 의미는 '마루'라고 풀이하고 있다. 이때의 우리말 마루는 '어떤 사물의 첫째. 또는 어떤 일의 기준'을 의미하는 단어이다. 마루 외에 '근원', '근본', '으뜸', '선조(先祖) 가운데 덕망 있는 사람' 등의 의미를 가지고 있다. 그러니까 '종교'를 글자에 맞춰 풀이하면 '근본이 되는 가르침' 또는 '가장 우선하는 가르침' 정도로 풀이할 수 있을 것이다.

종(宗)의 자원은 비교적 단순하다. 큰 집 아래 제사를 모시는 제단이 놓여 있는 모

습이다. 오늘날에는 그 의미가 많이 흐려지긴 했지만 옛날에 제사는 가정에서나 국가에서나 무척 중요한 행사였다. 바로 여기서부터 기본적인 뜻인 '근원', '근본'이라는 의미가 나오게 되었다. 이 글자와 함께 선조(先祖)의 의미를 갖는 조(祖)를 붙여서 '어떤 분야를 본격적으로 일으킨 사람'을 비유적으로 '조종(祖宗)'이라고 표현하기도 한다.

다음으로 교(敎)는 앞서 교육(敎育)에서 다루었기 때문에 여기서는 '믿음'의 의미를 가지는 신(信)을 살펴보고자 한다.

신(信)은 사람[人]과 말[言]이 합쳐져 생긴 글자이다. '사람의 말에는 믿음이 있어야 한다'라는 의미를 가지는 대표적인 회의자(會意字)로 잘 알려져 있다. 이 글자에 '우러러보다'라는 의미를 가지는 앙(仰)이 합쳐져 종교와 비슷한 의미를 가지는 단어인 신앙(信仰)이 생기게 되었다. 신앙은 결국 종교적 절대자를 믿고 우러르며 받드는 행위 또는 마음이라고 할 수 있다.

위에서 살펴보았듯 종교는 결국 절대적인 믿음과 관련이 있다. 오늘날 종교 분야에서 사용되는 한자 어휘를 함께 살펴보자.

함께 읽어봅시다

聖經이란 무엇인가

하나님의 特別한 啓示는 말씀과 行爲의 方式으로 주어졌고 人間의 고약한 無知와 忘却과 造作이 그 啓示를 毁損하지 못하도록 聖經이라는 記錄된 形態로 지금

까지 전해지고 있습니다. 記錄의 文化가 太初부터 있었던 것은 아니기 때문에 聖經이 太初부터 存在한 것은 아닙니다. 아마도 人類의 始初에는 壽命이 길어서 記錄의 必要性이 없었을 것입니다. 한 사람이 9百 年 以上을 살면서 數十 代의 後世代와 共存했기 때문에 사람의 證言은 知識 傳達의 正確性과 持續性 面에서 보더라도 文書의 方式보다 훨씬 더 有效했을 것입니다.

그러나 人間의 墮落으로 壽命은 줄어들고 環境도 변하면서 個人의 證言보다 記錄을 通해 記憶을 長期的으로 保存할 必要性은 더욱 커져 갔을 것입니다. 한 研究에 依하면 文字의 發明은 紀元前 3千年頃에 이루어져 只今까지 繼續해서 發展되어 왔습니다. 過去를 保管하는 方式으로 考案된 文字의 必要性은 壽命이 짧을수록 커지는 法입니다. 聖經의 發生은 이러한 必要와 無關하지 않습니다.

하지만 이러한 必要 自體가 聖經이 記錄된 主導的인 原因은 아닙니다. 聖經의 記錄은 하나님의 命令에 뿌리를 두고 있습니다. 아말렉 戰爭이 끝나고 하나님은 모세에게 "이것을 冊에 記錄하여 紀念하게" 하라고 命하셨고, 이에 "모세가 여호와의 모든 말씀을 記錄"해야 했습니다. 卽 聖經의 記錄은 命令과 順從의 結果라는 말입니다. 그리고 記錄된 말씀은 여호와의 言約几 곁에 두도록 했습니다. "모세가 이 律法의 말씀을 다 冊에 써서 마친 後에 모세가 여호와의 言約几를 메는 레위 사람에게 命令하여 이르되 이 律法 冊을 가져다가 너희 하나님 여호와의 言約几 곁에 두어 너희에게 證據가 되게 하라" 이는 聖經의 神的인 權威를 暗示하고 있습니다. "聖經이 바로에게 이르시되"와 같은 使徒의 引用에서 보이듯이, 聖經은 하나님의 말씀으로 看做되고 있습니다. 卽 하나님의 말씀과 聖經은 同一한 權威를 가졌으며 同一한 것입니다. 그래서 히브리서 著者는 처음부터 聖經에 對해 말하다가 4:12에 이르러서 그것을 '하나님의 말씀'으로 바꾸어 表記하면서 特別한 解明을 덧붙이지 않습니다. 이 대목은 當時의 모든 聖徒들이 聖經을 하나님의 말씀으로 여겼다는 推論을 可能하게 만듭니다. 聖經은 하나님의 말씀으로 看做될 때에 가장 正確하게 理解될 수 있습니다.

– 한병수, 『기독교란 무엇인가』, 도서출판 복있는사람, 2017.

주요 한자어

① 聖經 **성인 성, 경전 경**

聖 — 聖人(성인) 聖杯(성배) 神性(신성) 聖誕(성탄)

經 — 聖經(성경) 佛經(불경) 經典(경전) 經世濟民(경세제민)

② 啓示 **열 계, 보일 시**

啓 — 啓導(계도) 啓蒙(계몽) 啓發(계발) 啓示錄(계시록)

示 — 例示(예시) 示範(시범) 暗示(암시) 展示(전시)

③ 毁損 **허물 훼, 덜어낼 손**

毁 — 毁謗(훼방) 毁節(훼절) 名譽毁損(명예훼손)

損 — 損失(손실) 損益(손익) 損害(손해) 缺損處理(결손 처리)

④ 記錄 **기록할 기, 기록할 록**

記 — 記憶(기억) 記事(기사) 記者(기자) 日記帳(일기장)

錄 — 錄音(녹음) 附錄(부록) 收錄(수록) 芳名錄(방명록)

⑤ 太初 **클 태, 처음 초**

太 — 太陽(태양) 太古(태고) 太極旗(태극기)

初 — 當初(당초) 初級(초급) 始初(시초) 初等學校(초등학교)

⑥ 共存 **함께 공, 있을 존**

共 — 共感(공감) 共謀(공모) 共助(공조) 共同體(공동체)

存 — 生存(생존) 存在(존재) 存立(존립) 適者生存(적자생존)

⑦ **證言** **증거 증, 말씀 언**

證 證據(증거) 心證(심증) 物證(물증) 證明(증명)

言 言及(언급) 言明(언명) 名言(명언) 巧言令色(교언영색)

⑧ **考案** **상고할 고, 책상 안**

考 考慮(고려) 考試(고시) 考察(고찰) 思考(사고)

案 案件(안건) 方案(방안) 提案(제안) 案內(안내)

⑨ **紀念** **벼리 기, 생각 념**

紀 紀元(기원) 紀綱(기강)

念 念願(염원) 念慮(염려) 留念(유념)

⑩ **順從** **따를 순, 따를 종**

順 順序(순서) 順理(순리) 順應(순응)

從 從來(종래) 面從腹背(면종복배) 從軍記者(종군기자)

함께 써봅시다

聖經	聖經		
啓示	啓示		
毁損	毁損		
記錄	記錄		
太初	太初		
共存	共存		
證言	證言		
考案	考案		
紀念	紀念		
順從	順從		

조선의 종교

朝鮮의 宗教

朝鮮에는 일즉 歐洲諸國에서 보는 듯한 國教라 할 만한 宗教는 없었다. 일즉 新羅末에 高麗中葉까지 佛教가 한 번 全朝鮮을 支配하여 본 以來로는 朝鮮의 宗教라 할 만큼 全民族의 信仰을 支配할 만한 既成 宗教는 있어본 일이 없었다. 그러다가 耶蘇教가 轉入한 以來로 朝鮮에는 宗教的 風潮가 蔚興하여 耶蘇教徒도 數十萬에 달하였거니와 天道教. 白白教. 太乙教라는 純朝鮮的 宗教도 多數가 勃興하고 그 刺激을 받아 五百年間 山間에 蟄伏하여 民衆과는 거의 아무 交涉이 없던 佛徒들도 鮮明한 旗幟를 들고 世上에 내려왔다. 이리하여 今日에 宗教 信者라고 自認하는 者가 적어도 三百萬 거의 朝鮮全人口의 七分 乃至 六分之一을 占하게 되었다. 每 六人에 一人의 宗教 信徒가 있다 함은 實로 可驚할 現象이니 아마 東西古今에 稀罕한 일일것이다.

조선에는 일즉 구주제국에서 보는 듯한 국교라 할 만한 종교는 없었다. 일즉 신라말에 고려중엽까지 불교가 한 번 전 조선을 지배하여 본 이래로는 조선의 종교라 할 만큼 전 민족의 신앙을 지배할 만한 기성 종교는 있어본 일이 없었다. 그러다가 야소교가 전입한 이래로 조선에는 종교적 풍조가 울흥하여 야소교도도 수십만에 달하였거니와 천도교, 백백교, 태을교라는 순조선적 종교도 다수가 발흥하고 그 자격을 받아 오백년간 산간에 칩복하여 민중과는 거의 아무 교섭이 없던 불도들도 선명한 기치를 들고 세상에 내려왔다. 이리하여 금일에 종교 신자라고 자인하는 자가 적어도 삼백만 거의 조선 전 인구의 칠분 내지 육분지일을 점하게 되었다. 매 육인에 일인의 종교 신도가 있다 함은 실로 가경할 현상이니 아마 동서고금에 희한한 일일 것이다.

– 동아일보, 1923년 10월 21일, 1면.

전공 분야 어휘

1. 降臨(내릴 강, 임할 림)

축자 풀이 : 하늘에서 내려와(降) 임함(臨)

국어사전 풀이 : 신이 하늘에서 인간 세상으로 내려옴

2. 教理(가르칠 교, 다스릴 리)

축자 풀이 : 종교(教)의 도리(理)

국어사전 풀이 : 종교적인 원리나 이치. 각 종교의 종파가 진리라고 규정한 신앙의 체계

3. 祈禱(빌 기, 빌 도)

축자 풀이 : 빌고(祈), 기원함(禱)

국어사전 풀이 : 인간보다 능력이 뛰어나다고 생각하는 어떠한 절대적 존재에게 빎

4. 迫害(핍박할 박, 해할 해)

축자 풀이 : 핍박하고(迫) 해침(害)

국어사전 풀이 : 못살게 굴어서 해롭게 함

5. 福音(복 복, 소리 음)

축자 풀이 : 복된(福) 소리(音)

국어사전 풀이 : 기쁜 소식; 예수의 가르침. 또는 예수에 의한 인간 구원의 길

6. 三位一體(석 삼, 자리 위, 한 일, 몸 체)

축자 풀이 : 세(三) 가지 지위(위격)(位)이 한(一) 몸(體)에 있음

국어사전 풀이 : 세 가지의 것이 하나의 목적을 위하여 통합되는 일. 성부, 성자, 성령의 세 위격이 하나의 실체인 하나님 안에 존재한다는 교의

7. 選民(가릴 선, 백성 민)

축자 풀이 : 선택된(選) 사람(民)

국어사전 풀이 : 한 사회에서 특별한 혜택을 받고 잘사는 소수의 사람. 하나님이 거룩한 백성으로 택한 민족이라는 뜻으로, 이스라엘 백성이 스스로를 이르는 말

8. 十誡命(열 십, 경계할 계, 목숨 명)

축자 풀이 : 열(十)가지의 경계로(誡) 삼을 언약(命)

국어사전 풀이 : 하나님이 모세를 통하여 이스라엘 백성에게 내렸다고 하는 열 가지 계율. 유대교와 기독교의 근본 계율

9. 再臨(두 재, 임할 림)

축자 풀이 : 다시 한 번(再) 내려옴(臨)

국어사전 풀이 : 다시 옴. 세상의 마지막 날에 그리스도가 세상을 심판하기 위하여 다시 이 세상에 나타난다는 일

10. 傳道(전할 전, 길 도)

축자 풀이 : 도리(道)를 전파함(傳)

국어사전 풀이 : 기독교의 교리를 세상에 널리 전하여 믿지 아니하는 사람에게 신앙을 가지도록 인도함

11. 全知全能(온전할 전, 알 지, 온전할 전, 능할 능)

축자 풀이 : 온전히(全) 알(知)고, 온전히(全) 능히(能) 할 수 있음

국어사전 풀이 : 어떠한 사물이라도 잘 알고, 모든 일을 다 행할 수 있음

12. 祭司(제사 제, 맡을 사)

축자 풀이 : 제사(祭)를 맡은 사람(司)

국어사전 풀이 : 유대교에서, 예루살렘 성전에서 의식이나 전례를 맡아보는 사람. 원시 민족에서, 제의나 주문을 통하여 영험을 얻게 하는 사람. 또는 신령의 대표자

13. 宗教(마루 종, 가르칠 교)

축자 풀이 : 근본적인(宗) 가르침(教)

국어사전 풀이 : 신이나 초자연적인 절대자 또는 힘에 대한 믿음을 통하여 인간 생활의 고뇌를 해결하고 삶의 궁극적인 의미를 추구하는 문화 체계

14. 天使(하늘 천, 사신 사)

축자 풀이 : 하늘(天)의 사신(使)

국어사전 풀이 : 종교적 신화에서, 천국에서 인간 세계에 파견되어 신과 인간의 중간에서 신의 뜻을 인간에게 전하고, 인간의 기원을 신에게 전하는 사자(使者)

15. 天地創造(하늘 천, 땅 지, 비롯할 창, 지을 조)

축자 풀이 : 하늘(天)과 땅(地)을 만듦(創造)

국어사전 풀이 : 세상을 만듦. 민족과 문화에 따라 세상을 누가 어떤 방식으로 만들었는지 혹은 어떤 원리에 의하여 세상이 만들어졌는지에 대한 다양한 설명이 있음

16. 祝福(빌 축, 복 복)

축자 풀이 : 복(福)을 빎(祝)

국어사전 풀이 : 행복을 빎. 하나님이 복을 내림

17. 太初(클 태, 처음 초)

축자 풀이 : 처음

국어사전 풀이 : 하늘과 땅이 생겨난 맨 처음

알아두면 도움되는 한자 이야기

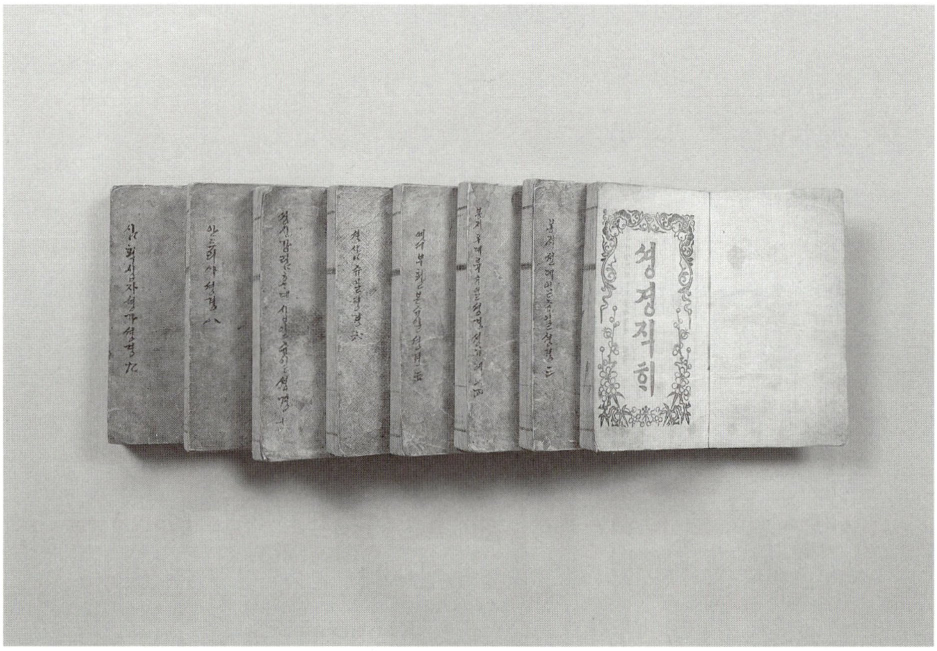

(19세기 후반 한글 성경 자료 『성경직해』 ‖ 전주대학교 호남기독교박물관 소장)

주기도문(主祈禱文)과 사도신경(使徒信經)

■ **주기도문(主祈禱文)**

하늘에 계신 우리 아버지

아버지의 이름을 거룩하게 하시며,

아버지의 나라가 오게 하시며,

아버지의 뜻이 하늘에서와 같이 땅에서도 이루어지게 하소서.

오늘 우리에게 일용(日用)할 양식(糧食)을 주시고,

우리가 우리에게 잘못한 사람을 용서(容恕)하여 준 것같이

우리 죄(罪)를 용서(容恕)하여 주시고,

우리를 시험(試驗)에 빠지지 않게 하시고, 악(惡)에서 구(救)하소서.

나라와 권능(權能)과 영광(榮光)이 영원(永遠)히 아버지의 것입니다. 아멘.

■ **사도신경(使徒信經)**

나의 전능(全能)하신 아버지 하나님, 천지(天地)의 창조주(創造主)를 믿습니다.
나는 그의 유일(唯一)하신 아들, 우리 주(主) 예수 그리스도를 믿습니다.
그는 성령(聖靈)으로 잉태(孕胎)되어 동정녀(童貞女) 마리아에게서 나시고,
본디오 빌라도에게 고난(苦難)을 받아 십자가(十字架)에 못 박혀 죽으시고,
장사(葬事)된 지 사흘 만에 죽은 자(者) 가운데서 다시 살아나셨으며,
하늘에 오르시어 전능(全能)하신 아버지 하나님 우편(右便)에 앉아 계시다가,
거기로부터 살아 있는 자(者)와 죽은 자(者)를 심판(審判)하러 오십니다.
나는 성령(聖靈)을 믿으며, 거룩한 공교회(公教會)와 성도(聖徒)의 교제(交際)와
죄(罪)를 용서(容恕)받는 것과 몸의 부활(復活)과 영생(永生)을 믿습니다. 아멘.

관련 어휘와 성어

■ **만시지탄(晩時之歎)**

때가 늦었음에 대한 탄식. 좋은 기회를 놓친 안타까움.

■ **혹세무민(惑世誣民)**

세상을 미혹시키고 백성들을 속이는 경우.

■ **다기망양(多岐亡羊)**

갈림길이 많아서 양을 잃어버린 경우. 무슨 일을 할 때 방향을 제대로 잡지 못하고 오락가락하는 모습을 비유함.

빅데이터로 보는 연관 단어

- 단체(團體)
- 지도자(指導者)
- 자유(自由)
- 사회(社會)
- 평화(平和)

3장
자연 · 과학

9강 공학
工學

모든 科學의 偉大한 目標는
最大限 많은 經驗에서 얻은 事實을
最小의 假說이나 原理에서 推論한
論理的 解析으로 說明하는 것이다.

- 알버트 아인슈타인 -

9강

공학

‘공학(工學)’은 서양식의 학문 · 기술 분야 용어가 한자문화권에 들어올 때 함께 등장하기 시작한 어휘이다. 영어의 engineering이 일본어 공학(工学, こうがく)으로 번역되었고, 다시 이 번역어 한자 어휘가 우리말에 그대로 들어오게 된 경우이다. 공학은 비교적 넓은 범위로 사용되고 있는 어휘이다. 따라서 특정 분야와 결합하여, 해당 분야의 기술이나 체계를 범범하게 아우르는 방식으로 사용되기도 한다. 건축공학(建築工學), 기계공학(機械工學), 식품공학(食品工學), 전자공학(電子工學), 화학공학(化學工學) 등 일일이 거론할 수 없을 정도이다. 학(學)의 자원은 앞서 살펴보았으므로, 여기서는 공(工)과 과(科)에 대해 알아보고자 한다.

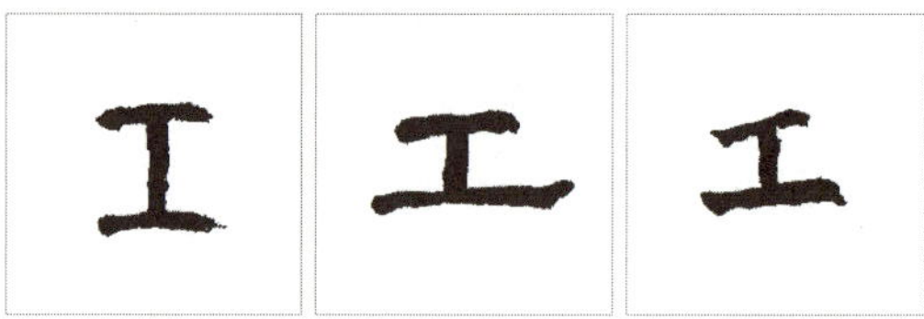

공(工)의 글자 형태는 무척 단순하다. 어떤 모습을 본떠 만든 상형자인 것은 분명한데 어떤 물건인지는 분명하지 않다. 물건을 만들어내는 장인들이 사용하던 칼이나 자와 같은 도구로 보는 견해가 가장 많다.

과(科)는 벼 화(禾)와 곡식 등을 세는 단위인 말 두(斗)가 합쳐져 만들어진 회의자이다. 말 단위로 곡식을 나눈다는 의미에서 출발하여 일정한 단위로 구분하거나 나눈다는 의미로 확장되었다. 다시 여기서 파생되어 '등급', '종류', '분류' 등의 의미까지 갖게 되었다. 오늘날 대학에서 전공에 따라 나눈 단위인 학과(學科)라는 단어에서도 역시 이 글자를 사용한다.

여기서 살펴본 공학(工學)이나 과학(科學)은 모두 그 자체가 학문이라기보다는 여러 학문을 포용하고 포섭하는 큰 범위의 개념이다. 어떤 학문과 어울려서 사용되고 있는지 확인해보자.

함께 읽어봅시다

工學과 科學의 差異를 아세요?

"많은 學生들이 工學과 科學을 混同하곤 합니다. 하지만 이 두 學問은 儼然히 다르다고 볼 수 있어요. 科學이 自然의 原理를 理解하는 學問이라면 工學은 科學에서 얻은 原理를 人類를 爲해 應用하는 學問이죠. 例를 들어 自動車를 만든다든지, 집을 만든다든지 或은 原子力 發電을 利用해 에너지를 生産하는 것입니다. 卽, 工學을 通해 우리 人類의 삶이 보다 豊盛해진다고 말할 수 있겠죠."

科學과 工學의 差異를 알지 못하는 사람이 意外로 우리 周圍에 많다. 때문에 機械工學科에 들어온 新入生이 "未來 노벨賞의 主人公이 되고 싶어서 이 學科를 選擇했다"고 抱負를 밝히는 事例도 種種 있다. 노벨賞은 工學者에게 주는 賞이 아닌, 科學者에게 주는 賞이라는 것을 알지 못했기 때문이다. 이러한 우스갯소리가 나오는 것도 理工界 忌避 現象이 深化되면서 나타나는 現象이라고 할 수 있다.

"學生들에게 工學이 우리 生活과 동떨어진 게 아닌, 오히려 우리 生活과 宏壯히 密接한 學問이라는 것을 알려주고 싶었어요. 工學이 무엇인지 알아야 優秀한 豫備 大學生들이 學校를 選擇할 때 工大를 志願할 수 있지 않겠어요?"

알 만한 사람은 알겠지만 工大生 사이에서 使用되는 隱語는 매우 多樣하다. 또한 外部에서도 '공돌이'라는 用語를 使用함으로써 理工界 學生들에 對한 慇懃한 偏見을 固守하고 있다. 그렇다면 우리 社會는 왜 理工界 專攻者들에 對해 이러한 固定觀念을 갖게 됐을까. (中略)

많은 사람들이 '工學'이라는 單語가 주는 意味에서 '柔軟性'이라는 이미지를 聯想하지 못한다. 하지만 工學은 時代와 狀況에 따라 얼굴을 自由自在로 바꾸는, 그야말로 柔軟性을 內包한 代表的인 學問이라고 할 수 있다. 過去 土木事業이 發達했을 때는 '土木工學'이 登場했고, 바이오 · 醫療 技術이 開發되는 現在 '醫療工學'이라는 用語가 나오고 있다. 또한 로봇에 對한 關心이 높아지면서 '로봇工學' 이 學生들의 關心을 받고 있으며, 腦 硏究에 對한 이슈가 加重되면서 '腦工學' 亦是 뜨거운 이슈를 끌고 다닌다. 成 敎授는 이처럼 柔軟性이 높은 工學이라는 學問에 對해 優秀한 學生들이 持續的인 關心을 가져줄 것을 當付했다.

"工學은 우리의 삶을 直接的으로 바꾸는 學問입니다. 어떻게 보면 우리의 삶을 가장 드라마틱하게 바꿀 수 있다고 할 수 있죠. 그런 만큼 工學을 專攻하는 學生들은 自負心을 가졌으면 좋겠습니다. 더불어 本人이 꾸준히 努力하면 富와 名譽를 모두 가질 수 있는 學問이라는 것을 깨닫길 바랍니다."

– [인터뷰 발췌] 성풍현 카이스트 원자력 및 양자공학 교수 (황정은, 2019. 9, TheScienceTimes)

주요 한자어

① 工學 **장인 공, 배울 학**

工 工夫(공부) 人工知能(인공지능) 工具(공구)

學 學說(학설) 力學(역학) 工科大學(공과대학)

② 科學 **과목 과, 배울 학**

科 科落(과락) 前科(전과) 金科玉條(금과옥조)

學 學士(학사) 留學(유학) 向學熱(향학열)

③ 應用 **응할 응, 쓸 용**

應 應答(응답) 應募(응모) 反應(반응) 電子感應(전자감응)

用 用件(용건) 用途(용도) 兼用(겸용) 用意周到(용의주도)

④ 發電 **드러날 발, 번개 전**

發 發覺(발각) 發光(발광) 發想(발상) 潮力發電(조력발전)

電 電燈(전등) 電池(전지) 電磁波(전자파)

⑤ 忌避 **꺼릴 기, 피할 피**

忌 忌日(기일) 禁忌(금기) 猜忌心(시기심)

避 避姙(피임) 逃避(도피) 不可避(불가피)

⑥ 密接 **은밀할 밀, 이을 접**

密 密告(밀고) 密封(밀봉) 精密機械(정밀기계)

接 接骨(접골) 接續(접속) 鎔接(용접)

⑦ 隱語　숨길 은, 말씀 어

隱　隱密(은밀)　隱身(은신)　隱忍自重(은인자중)

語　語感(어감)　略語(약어)　語不成說(어불성설)

⑧ 偏見　치우칠 편, 볼 견

偏　偏光(편광)　偏差(편차)　不偏不黨(불편부당)

見　見本(견본)　先入見(선입견)　先見之明(선견지명)

⑨ 固守　굳을 고, 지킬 수

固　固有(고유)　固執(고집)　凝固(응고)

守　守備(수비)　守則(수칙)　守錢奴(수전노)

⑩ 柔軟性　부드러울 유, 연할 연, 성품 성

柔　柔道(유도)　柔順(유순)　外柔內剛(외유내강)

軟　軟膏(연고)　軟骨(연골)　軟體動物(연체동물)

性　性能(성능)　性質(성질)　耐性(내성)　陽性反應(양성 반응)

⑪ 自負心　스스로 자, 질 부, 마음 심

自　自體(자체)　獨子(독자)　自給自足(자급자족)

負　負擔(부담)　負傷(부상)　過負荷(과 부하)

心　心亂(심란)　慾心(욕심)　心機一轉(심기일전)

함께 써봅시다

工學	工學		
科學	科學		
應用	應用		
發電	發電		
忌避	忌避		
密接	密接		
隱語	隱語		
偏見	偏見		
固守	固守		
柔軟性	柔軟性		
自負心	自負心		

옛 신문 읽어보기

아인스타인은 누구인가

아인스타인은 누구인가

以上 諸 論文은 物理學上 發見에만 限치 않고 칸트 以前 以後로 絶對的이라던 時間과 空間을 相對化하여 數學上과 哲學上 뿐 아니라 一般 思想 法則에 全無하던 新法則을 創設하였고, 그 後 1915年 著書 一般相對論으로 新宇宙觀을 우리에게 주었다. 1919年에 英國 天文學探檢團의 觀察로 因하여 相對論의 豫言이 自然界의 事實임을 公布된 後 아인스타인의 이름을 兒童까지 讚譽하게 됨은 우리가 經驗한 바다. 또 近日 라입찌히시에서 開催된 獨逸 自然科學會 百年 紀念會에서도 數十餘人의 反對도 있었으나 相對論의 科學史上 永久한 發見的 眞理임을 宣言하였다. 그러니 人類文化史가 繼續되는 限에는 아인스타인이라는 이름은 不朽할 것이며 또한 全世界 人類가 갈릴레이와 뉴톤과 같이 崇拜할 것은 否定치 못할 事實이다.

이상 제 논문은 물리학상 발견에만 한치 않고 칸트 이전 이후로 절대적이라던 시간과 공간을 상대화하여 수학상과 철학상 뿐 아니라 일반 사상 법칙에 전무하던 신법칙을 창설하였고, 그 후 1915년 저서 일반상대론으로 신우주관을 우리에게 주었다. 1919년에 영국 천문학탐검단의 관찰로 인하여 상대론의 예언이 자연계의 사실임을 공포된 후 아인스타인의 이름을 아동까지 찬예하게 됨은 우리가 경험한 바다. 또 근일 라입찌히시에서 개최된 독일 자연과학회 백년 기념회에서도 수십여인의 반대도 있었으나 상대론의 과학사상 영구한 발견적 진리임을 선언하였다. 그러니 인류문화사가 계속되는 한에는 아인스타인이라는 이름은 불후할 것이며 또한 전세계 인류가 갈릴레이와 뉴톤과 같이 숭배할 것은 부정치 못할 사실이다.

– 동아일보, 1922년 11월 20일, 1면.

전공 분야 어휘

1. 固體(굳을 고, 몸 체)

축자 풀이 : 굳어(固)있는 상태(體)

국어사전 풀이 : 일정한 모양과 부피가 있으며 쉽게 변형되지 않는 물질의 상태. 나무, 돌, 쇠, 얼음 따위의 상태

2. 機械(틀 기, 형틀 계)

축자 풀이 : 어떤 작동을 위한 틀(機 · 械)

국어사전 풀이 : 동력을 써서 움직이거나 일을 하는 장치

3. 落下體(떨어질 낙, 아래 하, 몸 체)

축자 풀이 : 아래(下)로 떨어지는(落) 물건(體)

국어사전 풀이 : 중력으로 땅에 떨어지는 물체

4. 單位(홑 단, 자리 위)

축자 풀이 : 수치를 나타낼 때 하나(單)의 기준(位)

국어사전 풀이 : 길이, 무게, 수효, 시간 따위의 수량을 수치로 나타낼 때 기초가 되는 일정한 기준. 근, 되, 자, 그램, 리터, 미터, 초 따위가 있음

5. 物體(물건 물, 몸 체)

축자 풀이 : 물건(物)의 형태(體)

국어사전 풀이 : 구체적인 형태를 가지고 있는 것

6. 背面圖(등 배, 낯 면, 그림 도)

축자 풀이 : 등(背) 쪽(面)을 그림(圖)

국어사전 풀이 : 물체의 뒤쪽 면을 수평으로 바라본 상태에서 그린 그림

7. 倍尺(곱 배, 자 척)

축자 풀이 : 길이(尺)가 곱(倍)으로 크다

국어사전 풀이 : 도면에 그린 크기가 실물의 크기보다 클 경우의 확대 비율

8. 飛行(날 비, 다닐 행)

축자 풀이 : 날아(飛)다님(行)

국어사전 풀이 : 공중으로 날아가거나 날아다님

9. 速度(빠를 속, 지경 도)

축자 풀이 : 빠르기(速)의 단위(度)

국어사전 풀이 : 물체가 나아가거나 일이 진행되는 빠르기

10. 超能力(넘을 초, 능할 능, 힘 력)

축자 풀이 : 보통 사람의 능력(能)을 뛰어넘는(超) 힘(力)

국어사전 풀이 : 현대 과학으로는 합리적으로 설명할 수 없는 초자연적인 능력. 염력, 예지, 텔레파시, 투시 따위를 통틀어 이르는 말

11. 抛物線(던질 포, 물건 물, 줄 선)

축자 풀이 : 물건(物)을 던졌을(抛) 때 날아가는 선(線)

국어사전 풀이 : 물체가 반원 모양을 그리며 날아가는 선

알아두면 도움되는 한자 이야기

(증강현실 고글을 쓰고 자전거를 타는 모습)

증강현실과 가상현실

가상현실(假想現實)은 VR이라고 부르는 기술이다. 컴퓨터 등을 사용한 인공적(人工的)인 기술로 만들어낸 실제와 유사하지만 실제가 아닌 어떤 특정한 환경이나 상황 혹은 그 기술 자체를 의미한다. 영화 '매트릭스'나 최근에 개봉한 '레디플레이어 원' 등을 떠올리면 되겠다.

반면 증강현실(增强現實)은 가상현실(VR)의 한 분야로 실제로 존재하는 환경에 가상(假像)의 사물이나 정보를 합성하여 마치 원래의 환경에 존재하는 사물처럼 보이도록 하는 컴퓨터 그래픽 기법이다. 영화 '마이너리티리포트'나 게임 '포켓몬GO' 등을 떠올리면 되겠다.

관련 어휘와 성어

■ **유체역학(流體力學)**

기체, 액체 따위의 유체의 운동을 연구하는 학문. 이 분야의 연구 성과에 힘입어 항공 역학이 가능하게 되었음.

■ **삼투작용(滲透作用)**

서로 농도가 다른 두 용액이 경계면에 놓인 반투막을 사이에 두고 마주하고 있을 때, 그 두 용액의 농도가 서로 같아질 때까지 농도가 낮은 용액에서 농도가 높은 용액으로 용매가 이동·확산하는 작용.

■ **가공경화(加工硬化)**

금속 재료가 압연, 추출 따위의 가공을 거치면서 원래보다 단단해지는 현상.

■ **반복응력(反復應力)**

반복적으로 하중이 작용할 때 생기는 응력.

빅데이터로 보는 연관 단어

- 생명(生命)
- 기술(技術)
- 연구(研究)
- 과학(科學)
- 산업(産業)

3장
자연 · 과학

10강 수학
數學

모든 科學에
數學의 銳敏함과 正確性을
最大限 導入하고 싶다.
그 理由는 事物을 좀 더 잘 알 수 있기
때문이 아니라 事物에 對한
우리 人間의 態度를 明確히
하고 싶기 때문이다.
數學은 人間의 共通的이고
根本的인 認識을 爲한 手段이다.

- 프리드리히 니체 -

10강

수학

'수학(數學)'은 '셈'이라는 의미를 가진 '數(수)'와 '학문'라는 의미를 가진 '學(학)'이 결합하여 만들어진 어휘이다. 글자 그대로 풀이하면 '셈에 관련된 학문'라는 의미가 된다.

수(數)는 루(婁)와 복(攵=攴)이 결합하여 구성된 글자이다. 루(婁)는 '어떤 물건을 머리에 이고 이를 두 손으로 잡고 있는 여자'를 상형한 글자로, '포개다'가 본뜻으로 추정된다. 맨 위가 '두 손', 그 아래가 '물건', 그리고 이를 머리에 인 '여인'의 상형으로 금문(金文)에서 대략 확인할 수 있다. 攵(복)은 막대이고 숫자를 '헤아린다'는 뜻으로 쓰였다. 포개고 헤아린다는 뜻을 합한 수(數)의 본뜻은 '계산'이다.

학(學)은 문학에서 다루었기 때문에 여기서는 수(數)와 비슷한 뜻을 가진 산(算)을 살펴보겠다.

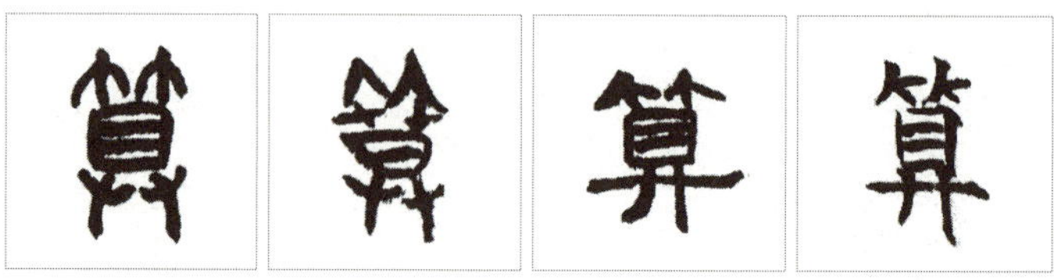

산(算)은 죽(竹)과 '목(目)' 그리고 공(廾)이 결합하여 만들어진 글자이다. 윗부분의 죽(竹)은 '대나무'의 상형이다. 여기에서는 수판의 재질이 무엇인가를 알려주고 있다. 수판은 무엇을 말할까? 수판(數板)은 주판(籌板 · 珠板)으로 불리던 동양의 '재래식 계산기'이다. 여기서의 '목(目)'은 '눈[目]'의 상형이 아니라 수판이다. 90도 기울여놓으면 수판의 모습 그대로이다. 아랫부분의 공(廾)은 '두 손'의 상형이므로 여기에서는 수판을 든 손이 된다. 맨 위가 재질을 나타내는 '대나무', 중간 부분이 해당 물건인 '수판', 그리고 아래는 수판을 든 두 손으로 '계산 도구'의 상형임을 알 수 있다. 산(算)의 본뜻은 '수를 헤아림'이다.

수학(數學)을 한자로 풀이하면 '셈에 관련된 학문'이라고 풀이될 수 있다. 수학의 영어 명칭은 'mathematics'인데, '배우는 모든 것'이라는 뜻의 그리스어 mathemata(마테마타) 또는 mathema(마테마)에서 유래한 것으로 알려져 있다. 이들 단어는 모두 배움, 지식 등의 의미를 가진 mathesis(마테시스)에서 유래하였다. mathesis는 '정신수양' 또는 '배움' 을 뜻한다. '數'에는 '셈'이라는 뜻 외에 '(사물의) 이치나 도리'를 뜻하는데, '배울 학(學)'앞에 붙을 때에는 '셈 수'의 뜻보다 사물의 이치나 도리로 풀이하는 것이 좋겠다. 이렇게 본다면, 좁은 의미의 수학(數學)은 '수에 대한 학문'이지만, 넓은 의미의 수학(數學)은 '이치나 도리에 관한 학문'을 뜻한다고 볼 수 있다. 오늘날 수학 분야에서 사용되는 어휘들을 자세히 알아보자.

함께 읽어봅시다

잭슨 폴락의 그림에 숨어 있는 數學

잭슨 폴락(Jackson Pollock)은 20世紀를 象徵하는 重要한 作品들을 創造했다. 몇몇 研究者들은 그 그림의 魅力이 數學에서 비롯되었다고 說破했다. 特히 科學者들은 폴락이 1940年代에 完成한 드립 페인팅에 프랙털이 들어 있다고 主張했다. 프랙털이란 작은 規模와 큰 規模 모두에서 反復되는 幾何學的 패턴을 말한다. 어떤 사람은 폴락의 作品이 우리 周邊에 있는 一部 프랙털 屬性을 잘 捕捉하고 있기 때문에 더욱 魅惑的이라 主張한다. 프랙털은 自然界에 자주 登場하는데, 구름의 形態가 그렇다.

線이 1次元, 蹴球공이 3次元이듯이 프랙털도 次元이 있다. 그렇지만 그런 事物들과 달리 프랙털의 次元은 小數가 包含되는 境遇가 많다. 一般的으로 數學者들은 프랙털 次元을 0에서 3사이의 數字로 나타내는 尺度에 따라 分類한다. 分節線 같은 一部 1次元 프랙털은 0.1에서 0.9 사이의 프랙털 次元이다. 海岸線의 輪廓 같은 2次元 프랙털은 1.1에서 1.9 사이의 프랙털 次元이고, 콜리플라워 같은 3차원 프랙털은 2.1에서 2.9 사이의 프랙털 次元이다.

프랙털이 들어 있는 잭슨 폴락의 작품 〈14번〉

1990年代 後半 物理學者 리처드 테일러(Richard Taylor)는 폴락의 드립 페인팅이 프랙털 屬性을 갖고 있다고 생각하고, 그의 作品에 담긴 프랙털 屬性을 測定할 수 있다는 意見을 提示했다. 特別한 分析 方法을 使用하면 어떤 그림이 주어졌을 때 그것이 폴락의 作品인지 아닌지 알 수 있다는 것이다.

테일러의 檢査 方法은 이렇다. 스캐닝한 폴락의 그림 寫眞을 컴퓨터로 가져와 디지털 이미지 위에 格子를 씌운다. 그런 다음 네모 칸 안에 들어 있는 패턴을 그림 全體 크기로 擴大하거나 몇 分의 1센티미터 크기로 縮小해 比較하는 等 컴퓨터로 그림을 分析한다. 그럼으로써 테일러는 폴락의 그림이 實際로 프랙털을 담고 있음을 發見했다.

하지만 數年 後 美國 클리블랜드에 있는 케이스웨스턴리저브 大學校의 研究者들은 테일러의 폴락 作品 選別 檢査法이 信賴度가 떨어진다는 證據를 찾아냈다. 한 博士課程 學生이 포토샵을 利用해 만들어낸 거친 별 스케치 그림이 테일러의 檢査法을 通過한 것이다. 또 다른 研究에서는 케이스웨스턴리저브 大學校 學部生이 그린 두 그림이 테일러의 檢査法을 通過한 反面, 폴락의 眞品 두 點은 檢査를 通過하지 못했다. 이 研究者들은 테일러의 檢査法에는 어느 特定 그림이 폴락의 作品인지 아닌지 判斷하는 데 必要한 多樣한 크기의 네모 칸이 充分히 包含되지 않았다고 結論 내렸다.

– 잭슨 폴락의 그림에 숨어 있는 수학 (라파엘 로젠, 세상을 움직이는 수학개념 100, 2016. 반니)

주요 한자어

① **數學** **셈할 수, 배울 학**

- 數: 數量(수량) 數値(수치) 算數(산수)
- 學: 學習(학습) 學位(학위) 獨學(독학)

② **幾何學** **낌새 기, 어찌 하, 배울 학**

- 幾: 幾微(기미) 幾何級數(기하급수)
- 何: 何等(하등) 如何(여하)

③ **形態** **모양 형, 모양 태**

- 形: 形式(형식) 形體(형체) 圖形(도형)
- 態: 態度(태도) 實態(실태) 千態萬象(천태만상)

④ **次元** **버금 차, 으뜸 원**

- 次: 次期(차기) 次例(차례) 編次(편차)
- 元: 元金(원금) 元年(원년) 元素(원소) 紀元(기원)

⑤ **尺度** **자 척, 법도 도**

- 尺: 尺度(척도) 越尺(월척) 三尺童子(삼척동자)
- 度: 度量(도량) 密度(밀도) 角度器(각도기)

⑥ **測定** **잴 측, 정할 정**

- 測: 測量(측량) 實測(실측) 豫測(예측)
- 定: 定價(정가) 定義(정의) 假定(가정) 鑑定(감정)

⑦ 格子 격식 격, 아들 자

格 격언 格言 격투 格鬪 자격 資格

子 자녀 子女 입자 粒子 분자 分子

⑧ 擴大 넓힐 확, 큰 대

擴 확산 擴散 확장 擴張 확대경 擴大鏡

大 대장 大將 대미 大尾 대세 大勢 막대 莫大

⑨ 縮小 줄일 축, 작을 소

縮 축소 縮小 감축 減縮

小 소심 小心 소총 小銃 협소 狹小

⑩ 證據 증명할 증, 의거할 거

證 증권 證券 증명 證明 입증 立證 인증 認證

據 거점 據點 논거 論據 점거 占據

함께 써봅시다

數學	數學		
幾何學	幾何學		
形態	形態		
次元	次元		
尺度	尺度		
測定	測定		
格子	格子		
擴大	擴大		
縮小	縮小		
證據	證據		

옛 신문 읽어보기

과학의 조선

科學의 朝鮮

그런즉 新時代를 當한 우리 朝鮮은
爲先 學校에서는 數學과 物理
化學과 또 넓히 知識을 구하는
外國語 等에 一層 힘을 더하며
一般 社會에서는 實生活과 實地에
適切한 理學을 崇尚하여 우리
朝鮮으로 하여금 道德과 藝術의
樂園이 되게 하는 同時에 科學의
光明天地가 되게 하기를 바라노니
科學의 光明 없이는 또한 道學의
圓滿한 發達을 기할 수 없도다.
따윈의 進化論이 出한 후에 諸般
社會科學이 얼마나 變動하였는가?
이를 보아 가히 알지니라. 大概
道學은 精神을 開拓하여 人格을
造成하는 것이오, 理學은 物質을
開拓하여 生活을 便利케 하는
것이니 兩全하여야 비로소 圓滿한
文明 生活이라 할지로다.
이에 余는 吾人의 科學的 無知를
歎하며 理學의 必要를 論하여
世人의 注意를 喚起하노라.

그런즉 신시대를 당한 우리 조선은 위선 학교에서는 수학과 물리 화학과 또 넓히 지식을 구하는 외국어 등에 일층 힘을 더하며 일반 사회에서는 실생활과 실지에 적절한 이학을 숭상하여 우리 조선으로 하여금 도덕과 예술의 낙원이 되게 하는 동시에 과학의 광명천지가 되게 하기를 바라노니 과학의 광명 없이는 또한 도학의 원만한 발달을 기할 수 없도다. 따윈의 진화론이 출한 후에 제반 사회과학이 얼마나 변동하였는가? 이를 보아 가히 알지니라. 대개 도학은 정신을 개척하여 인격을 조성하는 것이오, 이학은 물질을 개척하여 생활을 편리케 하는 것이니 양전하여야 비로소 원만한 문명 생활이라 할지로다. 이에 여는 오인의 과학적 무지를 탄하며 이학의 필요를 논하여 세인의 주의를 환기하노라.

– 동아일보, 1920년 4월 29일, 1면.

전공 분야 어휘

1. 減少(덜 감, 적을 소)

축자 풀이 : 줄이고(減) 적어짐(少)

국어사전 풀이 : 양이나 수치가 줆. 또는 양이나 수치를 줄임

2. 計算(셀 계, 셈 산)

축자 풀이 : 수(算)를 셈(計)하다

국어사전 풀이 : 수를 헤아림

3. 記號(기록할 기, 이름 호)

축자 풀이 : 어떠한 뜻으로 쓰일 이름(號)을 기록(記)한 말

국어사전 풀이 : 어떠한 뜻을 나타내기 위하여 쓰이는 부호, 문자, 표지 따위를 통틀어 이르는 말

4. 單位(홑 단, 자리 위)

축자 풀이 : 수치나 위치(位)를 나타낼 때 하나(單)의 기준

국어사전 풀이 : 길이, 무게, 수효, 시간 따위의 수량을 수치로 나타낼 때 기초가 되는 일정한 기준. 근, 되, 자, 그램, 리터, 미터, 초 따위가 있음

5. 不等式(아닐 부, 같을 등, 법 식)

축자 풀이 : 같지(等) 않은(不) 식(式)

국어사전 풀이 : 두 수, 또는 식의 크고 작음을 부등호로 보인 식

6. 三角形(석 삼, 뿔 각, 모양 형)

축자 풀이 : 세(三) 개의 각(角)이 있는 모양(形)

국어사전 풀이 : 세 개의 선분으로 둘러싸인 평면 도형

7. 銳角(날카로울 예, 뿔 각)

축자 풀이 : 날카로운(銳) 각도(角)

국어사전 풀이 : 직각보다 작은 각

8. 圓周(둥글 원, 둘레 주)

축자 풀이 : 원(圓)의 둘레(周)

국어사전 풀이 : 한 점에서 같은 거리에 있는 점의 자취

9. 直線(곧을 직, 줄 선)

축자 풀이 : 곧은(直) 선(線)

국어사전 풀이 : 꺾이거나 굽은 데가 없는 곧은 선

10. 增加(더할 증, 더할 가)

축자 풀이 : 더해(增)지고 많아(加)지는 증상

국어사전 풀이 : 양이나 수치가 늚

11. 抛物線(던질 포, 물건 물, 줄 선)

축자 풀이 : 물건(物)을 던졌을(抛) 때 날아가는 선(線)

국어사전 풀이 : 물체가 반원 모양을 그리며 날아가는 선

알아두면 도움되는 한자 이야기

영화 제목으로 이해하는 수학 용어

■ **수식(數式)**

'수식(數式)'은 수(數) 또는 양(量)을 나타내는 숫자나 문자를 계산(計算) 기호(記號)로 연결한 식이다. 등식(等式)과 부등식(不等式)이 있고, 등호(等號)나 부등호(不等號)가 없는 그냥 수식이 있다.

■ **무한대(無限大)**

변수(變數) x의 절댓값이 임의로 주어진 수보다 크게 될 수 있는 경우 그 변수 x의 상태. 무한대는 수가 아니라 상태를 의미하는데, 무한대를 뜻하는 기호 ∞는 로마인들이 1,000이나 10,000처럼 매우 큰 수를 표시할 때 쓰였다고 한다.

관련 어휘와 성어

■ **사사오입(四捨五入)**

4는 버리고 5는 넣음. '반올림'의 전 용어.

■ **십중팔구(十中八九)**

열 가운데 여덟이나 아홉 정도로 거의 대부분이거나 거의 틀림없음.

■ **일각여삼추(一刻如三秋)**

일각이 세 번의 가을 같다. '일각'은 한 시간의 4분의 1인 15분, 즉 아주 짧은 시간을 의미하며, '삼추'는 세 번의 가을 즉 3년을 의미함. 기다리는 마음이 매우 간절함을 이를 때 쓰는 말.

빅데이터로 보는 연관 단어

- 문제(問題)
- 도형(圖形)
- 논리(論理)
- 추상(抽象)
- 통계(統計)

3장
자연 · 과학

11강 물리
物理

이 世上 모든 것은 에너지다.
그것이 全部다.
願하는 現實과 周波數를 맞추면,
그 願하는 現實을 얻을 수밖에 없다.
반드시 그렇게 된다.
이것은 哲學이 아니다.
이것은 物理學이다.

- 알버트 아인슈타인 -

11강

물리

'물리(物理)'의 기본적인 풀이는 '만물(萬物)의 이치(理致)'라고 할 수 있다. 자연 과학의 한 분야로 볼 때에는 사람과 자연을 둘러싼 사물들의 성질, 현상, 구조 등을 연구하고 물질들 사이의 일정한 관계나 법칙을 논리적으로 밝혀내는 학문이라고 할 수 있다. 이치를 의미하는 리(理)는 앞서 철학 분야에서 자원을 확인하였으므로 여기서는 이를 대신하여 질(質)을 보도록 한다.

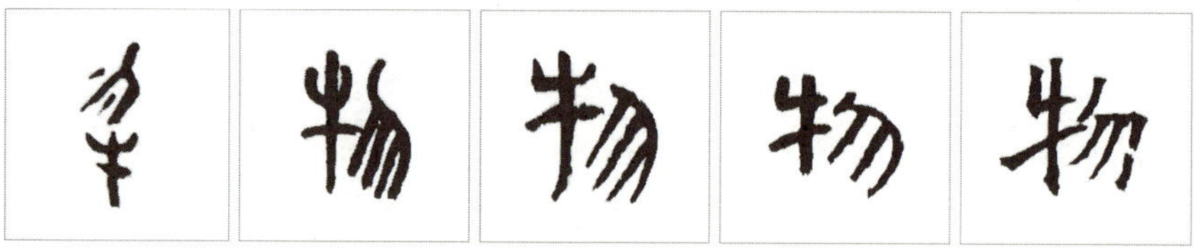

물건이나 사물을 뜻하는 물(物)은 '소 우(牛)'와 '금지사 물(勿)'이 합쳐진 글자이다. 결합 형태로만 보면 뜻과 소리가 결합한 회의자로 보아야 하겠지만, 물(勿)이 금지사로 사용된 것은 후대의 일이므로 소리와 뜻을 모두 취한 회의 겸 형성자로 볼 수도 있다. 글자의 오른쪽 부분인 물(勿)에 대해서는 해석이 여러 가지인데, 다양한 색깔이 뒤섞인 깃발로 보는 견해가 우세하다. 정리하자면 소는 사물의 근원이라고 할 수 있는 중요한 물건인데, 다양하게 섞여 있으므로 모든 물건을 의미하게 되었다고 할 수 있다.

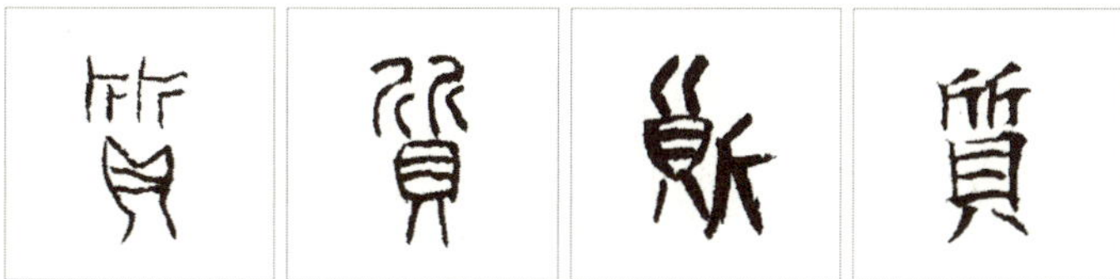

질(質)은 대개 '바탕', '본질', '성질'의 의미로 풀이한다. 글자는 도끼 두 자루를 의미하는 모탕[斦]과 조개[貝]가 결합해 만들어졌다. 옛날에 조개는 화폐로 사용되었으므로 돈을 빌리기 위해 임시로 맡기는 물건, 즉 저당 잡히는 물건이라는 의미로 사용되었다. 오늘날에도 목적을 달성하기 위해 사람을 잡아두는 경우인 인질(人質)에도 바로 이 한자가 사용된다. 여기서 뜻이 확장되어 사물의 본질, 성질, 품질 등의 의미로 사용되고 있다.

함께 읽어봅시다

一般 相對性理論의 證明

뉴턴의 重力 法則에서는 物體 사이에는 質量의 곱에 比例하고 距離의 제곱에 反比例하는 重力이 作用한다고 說明하고, 아인슈타인의 一般 相對性理論에서는 質量이 時空間을 휘도록 만들고 이 휘어진 空間에 依해 重力이 作用한다고 說明한다. 그렇다면 두 理論 中 어떤 理論이 重力을 正確하게 說明하는 것일까? (중략)

質量이 작아 重力이 크지 않은 境遇에는 뉴턴의 式으로 計算한 重力의 크기와 아인슈타인의 式으로 計算한 重力의 크기가 비슷해서 測定을 通해 어느 것이 옳은지 밝혀낼 수 없다. 따라서 地球의 重力을 測定하는 것으로 두 理論의 勝負를 가릴 수는 없다. 地球 質量보다 318倍나 되는 木星의 重力도 두 理論의 勝敗를 가릴 수 있을 만큼 크지 않다. 太陽系에서 가장 큰 天體는 太陽이다. 따라서 太陽의 重力을 仔細히 測定하면 두 理論 中 어느 理論이 옳은지 알 수 있다. 하지만

太陽에서 멀리 떨어진 地球에서 太陽의 重力을 測定해서는 안 된다. 地球처럼 멀리 떨어진 곳에서는 太陽의 重力이 弱해져서 어떤 理論이 옳은지를 判斷할 수 있을 만큼 큰 差異가 나지 않기 때문이다.

뉴턴의 重力 理論과 아인슈타인의 一般 相對性理論 中에서 어떤 理論이 옳은지 判斷하기 爲해서는 太陽 近處에서의 重力을 測定해야 한다. 어떻게 測定할 수 있을까?

英國의 에딩턴(Arthur Stanley Eddington, 1882~1944)을 團長으로 하는 觀測 팀은 1919年 皆旣日蝕 觀測을 通해 太陽 附近의 重力을 測定하는 데 成功했다. 밤에 찍은 별 寫眞과 太陽이 별 앞에 있는 낮에 찍은 별 寫眞을 比較하면 어떻게 보일까? 빛에도 重力이 作用하기 때문에 빛이 太陽 옆을 지나는 동안에 휘어지게 된다. 따라서 太陽이 있는 낮에 찍은 별 寫眞과 太陽이 없는 밤에 찍은 별 寫眞에는 별들의 位置가 다르게 보인다. 그러므로 낮과 밤에 찍은 별 寫眞을 比較하여 별들의 位置가 달라져 보이는 程度를 測定하면 太陽 附近의 重力을 알 수 있다.

하지만 太陽이 앞에 있는 낮에는 별 寫眞을 찍을 수 없다는 것이 問題였다. 이 問題를 解決해 준 것이 日蝕이다. 달이 太陽의 밝은 빛을 가리는 日蝕 때는 太陽 옆의 별 寫眞을 찍을 수 있기 때문이다. 日蝕을 利用한 에딩턴의 觀測 結果는 아인슈타인의 理論이 옳다는 것을 證明해 주었다.

– 우주의 기원과 진화 (곽영직 외, 고등학교 과학, 2011. ㈜더텍스트)

주요 한자어

① **重力** 무거울 중, 힘 력

重 重複(중복) 重要(중요) 荷重(하중)

力 力作(역작) 力學(역학) 馬力(마력)

② **法則** 법 법, 법칙 칙

法 法規(법규) 法院(법원) 解法(해법)

則 規則(규칙) 守則(수칙) 原則(원칙)

③ **物體** 물건 물, 몸 체

物 物件(물건) 物質(물질) 鑛物(광물) 俗物(속물)

體 體得(체득) 體面(체면) 固體(고체)

④ **比例** 견줄 비, 법식 례

比 比較(비교) 比喻(비유) 比重(비중)

例 例年(예년) 例外(예외) 事例(사례)

⑤ **相對性理論** 서로 상, 마주할 대, 성품 성, 다스릴 리, 이론 론

相 相半(상반) 相殺(상쇄) 人相(인상) * 殺(쇄) 덜다.

對 對決(대결) 對談(대담) 對策(대책) 反對(반대)

性 性格(성격) 性能(성능) 性味(성미) 彈性(탄성)

理 理念(이념) 理想(이상) 原理(원리) 推理(추리)

論 論難(논란) 論理(논리) 本論(본론)

⑥ 時空間 때 시, 빌 공, 사이 간

時 — 時刻(시각) 時計(시계) 時速(시속)

空 — 空氣(공기) 空腹(공복) 空想(공상) 虛空(허공) 空致辭(공치사)

間 — 間食(간식) 間歇(간헐) 巷間(항간)

⑦ 計算 계산할 계, 셈 산

計 — 計略(계략) 計座(계좌) 計劃(계획) 設計(설계)

算 — 算出(산출) 勝算(승산) 換算(환산)

⑧ 地球 땅 지, 공 구

地 — 地帶(지대) 地位(지위) 地形(지형) 窮地(궁지)

球 — 球技(구기) 半球(반구) 電球(전구)

⑨ 太陽系 클 태, 볕 양, 맬 계

太 — 太半(태반) 太初(태초) 太陽電池(태양 전지)

陽 — 陽氣(양기) 陽傘(양산) 陽地(양지) 斜陽産業(사양산업)

系 — 系列(계열) 系統(계통) 體系(체계)

⑩ 皆旣日蝕 다 개, 이미 기, 해 일, 좀먹을 식

皆 — 皆勤(개근) 擧皆(거개)

旣 — 旣定(기정) 旣成服(기성복) 旣婚(기혼)

日 — 日氣(일기) 日曆(일력) 忌日(기일)

蝕 — 腐蝕(부식) 月蝕(월식) 浸蝕(침식)

⑪ 證明 증거 증, 밝을 명

證 — 證券(증권) 立證(입증) 認證(인증)

明 — 明堂(명당) 解明(해명) 明若觀火(명약관화)

함께 써봅시다

重力	重力		
法則	法則		
物體	物體		
比例	比例		
相對性理論	相對性理論		
時空間	時空間		
計算	計算		
地球	地球		
太陽系	太陽系		
皆既日蝕	皆既日蝕		
證明	證明		

옛 신문 읽어보기

물리학 법칙을 초월한 백층의 건물

物理學 法則을 超越한 百層의 建物

「볼」 教授의 新發明案의 摩天樓. 最近에 七十餘層의 大摩天樓의 建築 計劃이 發表되어 所謂 모든 男女를 깜짝 놀라게 하였는데, 아무리 높은 것을 좋아하는 아메리카 사람들이라도 어떻게 할 수 없는 物理學 法則上 重量에 制限이 있어서 그렇게 無制限으로 높게만 지을 수 없었던 것인데 今番에 오하이오 州立大學의 조지 볼 教授가 發明한 것은 튼튼하고도 무섭게 무게가 가볍고 從來 百二十 파운드나 되던 것을 이십 파운드만 해도 할 수 있다고 한다. 여기서 摩天樓의 可能性이 漸漸 增加하여 百餘層의 建物이라도 우습게 建築되리라고 하는데 美歐의 새 것을 좋아하는 그들 世界에는 놀라울 만한 百餘層의 摩天樓가 出現되리라고 豫測되는 바이다.

‘볼’ 교수의 신발명안의 마천루. 최근에 칠십여층의 대마천루의 건축 계획이 발표되어 소위 모든 남녀를 깜짝 놀라게 하였는데, 아무리 높은 것을 좋아하는 아메리카 사람들이라도 어떻게 할 수 없는 물리학 법칙상 중량에 제한이 있어서 그렇게 무제한으로 높게만 지을 수 없었던 것인데 금번에 오하이오 주립대학의 조지 볼 교수가 발명한 것은 튼튼하고도 무섭게 무게가 가볍고 종래 백이십 파운드나 되던 것을 이십 파운드만 해도 할 수 있다고 한다. 여기서 마천루의 가능성이 점점 증가하여 백여층의 건물이라도 우습게 건축되리라고 하는데 미구의 새 것을 좋아하는 그들 세계에는 놀라울 만한 백여층의 마천루가 출현되리라고 예측되는 바이다.

— 동아일보, 1929년 3월 11일, 3면.

전공 분야 어휘

1. 求心力(구할 구, 마음 심, 힘 력)

축자 풀이 : 중심(心)을 찾아가려는(求) 힘(力)

국어사전 풀이 : 원운동을 하는 물체나 입자에 작용하는, 원의 중심으로 나아가려는 힘

2. 可逆性(옳을 가, 거스를 역, 성품 성)

축자 풀이 : 돌아갈(逆) 수 있는(可) 성질(性)

국어사전 풀이 : 물질이 어떤 상태로 변하였다가 다시 원래의 상태로 되돌아갈 수 있는 성질

3. 等溫線(같을 등, 따뜻할 온, 줄 선)

축자 풀이 : 온도(溫)가 같은(等) 지점을 연결한 선(線)

국어사전 풀이 : 일기도에서 온도가 같은 지점을 연결하여 이은 선. 한 물체가 일정한 온도에서 압력의 변화를 받았을 때 압력과 부피와의 관계를 나타낸 곡선

4. 摩擦力(문지를 마, 비빌 찰, 힘 력)

축자 풀이 : 문지르거나(摩) 비볐을(擦) 때 생기는 힘(力)

국어사전 풀이 : 접촉하고 있는 두 물체가 상대 운동을 하려고 하거나 상대 운동을 하고 있을 때, 그 운동을 저지하는 방향으로 작용하는 저항력

5. 燃燒(탈 연, 사를 소)

축자 풀이 : 불(燃)이 탐(燒)

국어사전 풀이 : 물질이 산소와 화합할 때에, 많은 빛과 열을 내는 현상

6. 遠心力(멀 원, 마음 심, 힘 력)

축자 풀이 : 중심(心)에서 멀어지려는(遠) 힘(力)

국어사전 풀이 : 원운동을 하는 물체나 입자에 작용하는, 원의 바깥으로 나아가려는 힘

7. 臨界點(임할 임, 지경 계, 점 점)

축자 풀이 : 어떤 사태나 일(界)에 임하는(臨) 경계(點)

국어사전 풀이 : 물질의 구조와 성질이 다른 상태로 바뀔 때의 온도와 압력

8. 靜電氣(고요할 정, 번개 전, 기운 기)

축자 풀이 : 고요히(靜) 멈춰 있는 전기(電氣)

국어사전 풀이 : 비단 헝겊으로 유리 막대를 문질렀을 때 유리 막대 쪽에 생기는 전기, 또는 그와 같은 성질의 전기

9. 波動(물결 파, 움직일 동)

축자 풀이 : 물결(波)의 움직임(動)

국어사전 풀이 : 공간의 한 점에 생긴 물리적인 상태의 변화가 차츰 둘레에 퍼져 가는 현상. 수면(水面)에 생기는 파문이나 음파, 빛 따위를 이름

10. 波長(물결 파, 길 장)

축자 풀이 : 물결(波)의 길이(長)

국어사전 풀이 : 파동에서, 같은 위상을 가진 서로 이웃한 두 점 사이의 거리

11. 閉曲面(닫을 폐, 굽을 곡, 면 면)

축자 풀이 : 닫힌(閉) 굽은(曲) 면(面)

국어사전 풀이 : 그 내부에 공간의 일부를 완전히 내포하고 있으며, 경계가 없는 유한한 곡면. 구면(球面), 원환면(圓環面) 따위가 있음

알아두면 도움되는 한자 이야기

([좌] 자격루 / [우] 측우기 ‖ 국립고궁박물관 소장)

사진으로 보는 조선 시대 과학 발명품

■ **측우기(測雨器)**

강우량(雨)을 측정(測)하던 기구(器)이다. 조선 세종 때 처음 만들어 전국에 보급되었다.

■ **자격루(自擊漏)**

스스로(自) 치는(擊) 물시계(漏)이다. '루(漏)'는 '물 새다'의 의미인데, '물 새는 것으로 시간을 알 수 있는 시계'의 뜻으로 확장되었다. 조선 세종 때 장영실이 제작하였다고 한다.

■ **혼천의(渾天儀)**

혼돈(渾沌, 하늘과 땅이 아직 나누어지기 전의 상태)의 하늘(天)을 살피는 천문 기계(儀). 조선 시대 세종은 장영실에게 흠경각(欽敬閣)을 짓게 하고 이곳에 혼천의를 설치하였다.

■ **신기전(神機箭)**

귀신(神) 같은 화살(箭) 쏘는 기계(機). 1448년(세종 30년)에 만들어진 조선 시대의 로켓 추진 화살이다.

관련 어휘와 성어

■ **만유인력(萬有引力)**

질량을 가지고 있는 모든 물체가 서로 잡아당기는 힘

■ **가시광선(可視光線)**

사람의 눈으로 볼 수 있는 빛. 등적색, 등색, 황색, 녹색, 청색, 남색, 자색의 일곱 가지가 있음

■ **현미경(顯微鏡)**

눈으로는 볼 수 없을 만큼 아주 작은 물체를 확대하여 보는 장치

빅데이터로 보는 연관 단어

- 입자(粒子)
- 양자(陽子)
- 역학(力學)
- 물질(物質)
- 실험(實驗)

3장
자연 · 과학

12강 전기전자
電氣電子

電氣 科學은 우리에게
빛의 屬性을 드러내 주었다.
또한 셀 수 없이 많은 道具와
精密 器機를 提供했다.
그리하여 우리는 知識의 正確함을
尨大하게 더할 수 있었다.

- 니콜라 테슬라 -

12강

전기전자

'전기(電氣)'는 '번개', '전기'라는 의미를 가진 '電(전)'과 '기운'이라는 의미를 가진 '氣(기)'가 결합하여 만들어진 어휘이다. '기(氣)'는 눈으로는 볼 수 없는 일정한 기운이나 흐름을 말할 때 주로 사용된다.

전(電)의 본뜻은 번개이다. 비 우(雨)와 펼 신(申)이 합쳐진 글자인데, 본래 신(申) 자체가 번개의 상형자이다. 따라서 의미를 좀 더 분명하고 정확하게 전달하기 위해 우(雨)가 덧붙여진 글자라고 할 수 있다. 번개나 전기라는 뜻을 기본으로 하고, 여기서 파생하여 '빠르다' 또는 '번쩍이다'라는 의미를 갖고 있다.

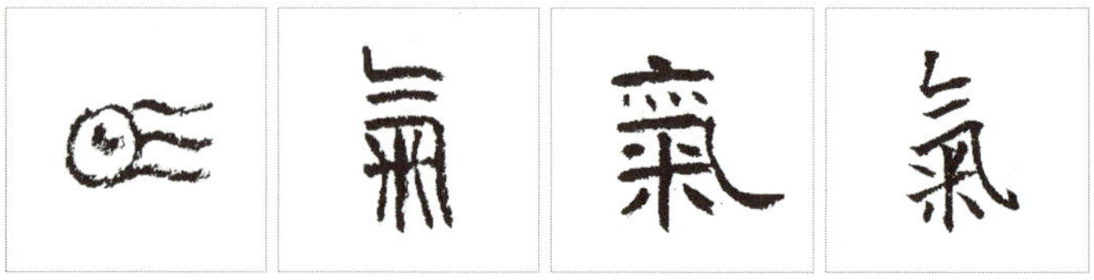

기(氣)는 오늘날 중국에서 간체자로 사용하는 기(气)가 본래 글자였다. 하늘에서 공기의 흐름에 따라 움직이는 기운이나 구름의 모습을 상형자로 표현한 것이다.

여기에 곡식을 의미하는 '쌀 미(米)'를 덧붙여 지금의 형태가 되었다. 아마도 불을 때서 밥을 지을 때 김이 올라오는 것을 표현하려고 한 듯하다. 이 글자는 눈에는 보이지 않지만 존재하는 일종의 에너지를 표현하는 데 주로 사용되고 있다.

전기 역시 마찬가지이다. 눈으로는 볼 수 없지만 분명 존재하는 일정한 기운이다. 하지만 인류 전체의 역사를 두고 볼 때 사람들이 전기를 제어하여 사용할 수 있게 된 것은 얼마 되지 않았다. 따라서 학문의 역사도 그리 길다고는 할 수 없다.

함께 읽어봅시다

전기공학 VS 전자공학

電氣工學(electrical engineering)은 一般的으로 電氣, 電子, 電磁氣의 硏究 및 應用을 다루는 工學 分野로 電子工學을 包含하는 用語이다. 大部分의 유럽의 大學校들은 現在 電氣工學이라는 用語를 電力工學으로써 電氣電子工學과 別個의 것으로 看做하고 있다. 1980年代 始作된 컴퓨터 工學은 間或 電子工學 또는 情報工學을 指稱하는 用語로 使用되었으나, 現在 컴퓨터 工學은 하드웨어 및 소프트웨어를 包括하는 넓은 意味로 使用되고 있다. 몇몇 사람들은 電氣工學이라는 用語를 高電流, 高電壓 工學 分野에만 限定되어야 한다고 생각한다. 最近 情報工學, 커뮤니케이션 시스템 工學 等 電氣工學과 學問的으로 類似한 分野로 擡頭되고 있다.

電子工學(electronics)은 驅動力으로서 電力을 利用하는 構成裝置, 시스템 또는 여러 裝備(眞空管, 트랜지스터, 集積回路, 프린트 配線 基板)들을 開發하기 爲하여 電子들의 運動에 對한 影響과 行動에 對한 科學的 知識을 硏究하는 工學의 한 分野이다. 이 分野는 힘, 機械工學, 遠隔 通信學, 半導體 回路디자인, 그리고 다른 많은 部分體들을 包含하는 넓은 工學 分野를 意味한다. 컴퓨터 工學의 하드웨어 디자인을 包含해서 電子回路의 디자인과 構成은 電子工學의 한 分野로 特定 問題를

解決한다. 새로운 半導體의 素子에 關한 硏究는 때때로 物理學의 한 分野로 分流된다. 電子工學이 適用되는 代表的인 産業으로는 通信, 컴퓨터, 半導體 産業 等이 있다. 電氣通信 分野에서 眞空管이 飛躍的인 發展을 이루어 텔레비전, 라디오, 컴퓨터, 레이다 等이 20世紀 後半의 文明의 中心이 되면서 美國에서 태어난 槪念이다. 基礎的인 分野부터 應用 面에 이르기까지 廣範圍한 內容을 지니고 있다.

주요 한자어

① **電氣** **번개 전, 기운 기**

電 電流(전류) 電壓(전압) 靜電氣(정전기)

氣 氣力(기력) 大氣(대기) 水蒸氣(수증기)

② **驅動力** **몰 구, 움직일 동, 힘 력**

驅 驅步(구보) 先驅者(선구자) 乘勝長驅(승승장구)

動 動線(동선) 可動(가동) 原動力(원동력)

力 努力(노력) 引力(인력) 表面張力(표면장력)

③ **構成裝置** **얽을 구, 이룰 성, 꾸밀 장, 둘 치**

構 機構(기구) 下部構造(하부구조) 虛構(허구)

成 成功(성공) 成分(성분) 大器晩成(대기만성)

裝 裝着(장착) 重裝備(중장비) 服裝(복장)

置 置重(치중) 設置(설치) 配置(배치)

④ **裝備** **꾸밀 장, 갖출 비**

裝 裝甲車(장갑차) 男裝(남장) 眞空包裝(진공포장)

備 備品(비품) 設備(설비) 完備(완비)

⑤ **配線** **짝지을 배, 줄 선**

配 配達(배달) 流配(유배) 分配(분배)

線 光線(광선) 斷線(단선) 導火線(도화선)

⑥ 基板 터 기, 널빤지 판

- 基: 基金(기금) 基準(기준) 基礎工事(기초공사)
- 板: 板刻(판각) 看板(간판) 漆板(칠판)

⑦ 運動 옮길 운, 움직일 동

- 運: 運命(운명) 運行(운행) 幸運兒(행운아)
- 動: 動機(동기) 驅動(구동) 驚天動地(경천동지)

⑧ 半導體 절반 반, 이끌 도, 몸 체

- 半: 半島(반도) 半額(반액) 半信半疑(반신반의)
- 導: 指導力(지도력) 導火線(도화선) 技術導入(기술도입)
- 體: 體面(체면) 體驗(체험) 液體(액체)

⑨ 産業 낳을 산, 일 업

- 産: 産物(산물) 産地(산지) 情報産業(정보산업)
- 業: 業報(업보) 業主(업주) 輕工業(경공업)

⑩ 眞空管 참 진, 빌 공, 대롱 관

- 眞: 眞價(진가) 眞面目(진면목) 寫眞(사진)
- 空: 空白(공백) 空港(공항) 赤手空拳(적수공권)
- 管: 管內(관내) 管理(관리) 送油管(송유관)

⑪ 文明 글월 문, 밝을 명

- 文: 文房具(문방구) 人文學(인문 학) 公文書(공문서)
- 明: 明快(명쾌) 發明(발명) 明若觀火(명약관화)

함께 써봅시다

電氣	電氣		
驅動力	驅動力		
構成裝置	構成裝置		
裝備	裝備		
配線	配線		
基板	基板		
運動	運動		
半導體	半導體		
産業	産業		
眞空管	眞空管		
文明	文明		

전차에 유아 역사

電車에 幼兒 轢死

往十里 電車에 無慘히 치여 죽었다. 지난 26일 오후 다섯시 오십분 경에 光熙門으로부터 往十里로 향하는 전차 91호가 安靜寺 들어가는 入口에 다다를 즈음에 往十里 911번 羅大福의 아들 羅上元이라 하는 今年 3살 된 어린 아이가 電車 軌道 앞에서 놀고 있다는 것을 보고 곧 停車코자 하였으나 電車는 원체 速度로 疾走하는 까닭에 미처 停車치 못하고 因하여 어린 아이는 그만 구조망 밑으로 들어가서 그만 무참히 으깨어 即死하였는바 東大門 警察署에서는 即時 柳原 警察과 밑 경관이 現場에 出場하여 檢屍를 한 후 으깨어 죽인 어린아이의 屍體는 그의 父母에게 내어주고 電車 車長과 運轉手는 모두 東大門 警察署로 引致하고 지금 嚴重히 取調하는 中이라더라.

왕십리 전차에 무참히 치여 죽었다. 지난 26일 오후 다섯시 오십분 경에 광희문으로부터 왕십리로 향하는 전차 91호가 안정사 들어가는 입구에 다다를 즈음에 왕십리 911번 나대복의 아들 나상원이라 하는 금년 3살 된 어린 아이가 전차 궤도 앞에서 놀고 있다는 것을 보고 곧 정차코자 하였으나 전차는 원체 속도로 질주하는 까닭에 미처 정차치 못하고 인하여 어린 아이는 그만 구조망 밑으로 들어가서 그만 무참히 으깨어 즉사하였는바 동대문 경찰서에서는 즉시 유원 경찰과 밑 경관이 현장에 출장하여 검시를 한 후 으깨어 죽인 어린아이의 시체는 그의 부모에게 내어주고 전차 차장과 운전수는 모두 동대문 경찰서로 인치하고 지금 엄중히 취조하는 중이라더라.

– 매일신보, 1921년 7월 28일, 3면.

전공 분야 어휘

1. 變壓器(변할 변, 누를 압, 그릇 기)

축자 풀이 : 압력(壓)을 변환시키는(變) 장치(器)

국어사전 풀이 : 전자 상호 유도 작용을 이용하여 교류 전압을 높이거나 낮추는 장치

2. 保磁力(지킬 보, 자석 자, 힘 력)

축자 풀이 : 자성(磁)을 지키고(保) 있는 힘(力)

국어사전 풀이 : 강자성체에 자기장을 걸어서 포화 상태가 될 때까지 자성(磁性)을 갖게 한 다음에, 자기장을 줄여 0이 되게 하여도 남아 있는 잔류 자기를 다시 0이 되게 하는 데에 드는 반대 방향의 자기장의 크기. 일반적으로 영구 자석은 값이 큼

3. 暗渠式(어두울 암, 도랑 거, 법 식)

축자 풀이 : 땅을 파서(渠) 숨기는(暗) 법(式)

국어사전 풀이 : 전차에 전류를 공급하는 방법의 하나. 땅속에 전선을 가설하고 여기서 전류를 얻어 전차를 운전하는 방식으로, 가공선을 쓰지 않을 때에 사용함

4. 誘電體(꾈 유, 번개 전, 몸 체)

축자 풀이 : 번개(電)를 꾀어내는(誘)는 물체(體)

국어사전 풀이 : 전기적 유도 작용을 일으키는 물질

5. 電氣回路(번개 전, 기운 기, 돌아올 회, 길 로)

축자 풀이 : 전기(電)의 기운(氣)이 돌아다니는(回) 길(路)

국어사전 풀이 : 여러 개의 소자를 서로 접속하여 구성한 전류가 흐르는 통로. 저항, 콘덴서, 유도자 등의 수동 회로 소자와 전압원, 전류원의 전원으로 구성됨

6. 電荷(번개 전, 짊어질 하)

축자 풀이 : 번개(電)를 짊어짐(荷)

국어사전 풀이 : 물체가 띠고 있는 정전기의 양. 같은 부호의 전하 사이에는 미는 힘이, 다른 부호의 전하 사이에는 끄는 힘이 작용함

7. 絕緣體(끊을 절, 인연 연, 물체 체)

축자 풀이 : 연결(緣)을 끊는(絕) 물체(體)

국어사전 풀이 : 전도체나 소자로부터 전기적으로 분리되어 있어 열이나 전기를 잘 전달하지 아니하는 물체. 전기의 절연체는 유리 · 에보나이트 · 고무 따위이고, 열의 절연체는 솜 · 석면 · 회(灰) 따위임

8. 避雷針(피할 피, 우레 뢰, 바늘 침)

축자 풀이 : 우레(雷)를 피하는(避) 도구(針)

국어사전 풀이 : 전기 회로에 일어나는 이상 고전압을 안전하게 방전하여 회로 속의 기기의 파손을 예방하는 장치

알아두면 도움되는 한자 이야기

(2000년대 생활의 이모저모 ‖ 클로버문고(어문각))

이정문 화백의 1965년 작품
‘서기 2000년대의 생활의 이모저모’

미래를 예측하는 일은 쉽지 않다. 바쁘게 돌아가는 일상 속에서 당장 내일 어떤 일이 벌어질지조차 알기 어렵다. 이정문 화백은 만화가의 상상력으로 35년 후의 세상을 미리 내다보는 그림 한 장을 그려내었다. 그림을 그릴 당시에는 말도 안 되는 일이라고 비웃음을 샀을 수도 있겠으나 이 가운데 상당 부분은 오늘날 이미 우리의 현실 속에서 실현되었다. 그러니 인간의 상상력이란 위대하다고 할 만하다.

- **태양열 발전 주택**(太陽熱 發電 住宅)
- **원격학습**(遠隔學習)
- **전파신문**(電波新聞)
- **전기 자율주행 자동차**(電氣 自律走行 自動車)
- **전동 도로**(電動 道路)
- **소형전화기**(小型電話機)
- **우주여행**(宇宙旅行)

관련 어휘와 성어

- **부화뇌동(附和雷同)**

줏대 없이 남의 의견에 따라 움직임.

- **전광석화(電光石火)**

번갯불이나 부싯돌의 불이 번쩍거리는 것과 같이 매우 짧은 시간이나 매우 재빠른 움직임 따위를 비유적으로 이르는 말.

- **뇌봉전별(雷逢電別)**

천둥같이 만났다가 번개같이 헤어진다는 뜻으로, 잠깐 만났다가 곧 헤어짐을 비유적으로 이르는 말.

빅데이터로 보는 연관 단어

- 요금(料金)
- 자동차(自動車)
- 통신(通信)
- 전력(電力)
- 공급(供給)

4장
의료 · 보건

13강 간호
看護

疾病에 關해서 두 가지 習慣을 가져라.
患者에게 도움을 주거나,
적어도 그에게 危害를 끼치지는 마라.

- 히포크라테스 -

13강

간호

'간호(看護)'는 '보다'라는 의미의 '看(간)'과 '감싸다'라는 의미의 '護(호)'가 결합하여 만들어진 어휘이다. '환자를 보살핀다'라고 하는 '간호'의 의미와 관련해서 '보다'보다는 '돌보다'라는 의미로, '감싸다'보다는 '보호하다'라는 의미로 이해하는 편이 적당하다.

간(看)의 자원은 간단하고 분명하다. '손 수(手)'와 '눈 목(目)'이 결합한 형태로서, 눈 위에 손을 올리고 멀리 바라보는 모습에서 의미를 가져온 회의자이다. '보다'라는 의미를 가지는 한자로는 시(視), 관(觀) 등이 있는데, 우리말 어휘로 만들어질 때는 쓰임새가 약간씩 다르다.

호(護)는 '돕다', '보호하다'의 의미를 가진 글자이다. 왼쪽에는 말씀 언(言)이 있고

오른쪽에는 소리를 가져온 확(蒦)자가 있다. 말로 누군가를 변호하고 감싼다는 의미가 있다. 간호 외에도 변호(辯護), 보호(保護), 수호(守護) 등 감싸고 돌보는 의미를 가지는 단어에 두루 쓰이는 글자이다.

간호는 병원에서 환자나 노약자를 보살피고 돌보는 행위를 의미하는 단어이다. 이러한 숭고한 행위를 하는 이들을 간호사(看護師)라고 한다. 예전에는 특정한 업무를 담당하는 사람이라는 의미에서 '간호원(看護員)'이라고 하였으나, 현재는 간호사라는 호칭으로 부르고 있다.

함께 읽어봅시다

看護란 무엇인가

歷史的으로 基本的인 看護槪念은 母性愛的 本能에 依한 보살핌과 保護, 養育이라고 할 수 있다. 看護槪念은 社會的 變遷, 健康에 對한 社會的 要求의 變化 및 看護理論의 發達에 따라 漸漸 包括的인 槪念으로 變化, 擴大되었다.

비록 看護의 本質은 변하지 않으나 看護의 機能은 끊임없이 변하고 있다. 現代的 意味에서의 看護란 人間의 健康維持 및 增進을 위한 安全한 環境을 造成하여 肉體的, 精神的, 社會的, 靈的인 側面에서 돌보고 慰勞하고 平安하게 도와주고, 治療와 回復을 爲해 保健醫療人과 協助하며, 疾病豫防과 保健敎育을 實施하는 것이다.

看護의 目的은 個人, 家族, 地域社會의 健康回復, 疾病豫防, 健康維持와 增進 및 苦痛의 輕減이다. 卽, 人間의 尊嚴性과 基本權을 尊重하는 看護의 根本理念을 實踐하는 것으로서 搖籃에서 무덤에 이르는 人間의 삶에서 健康을 增進하고 疾病을 豫防하며, 健康을 回復하고 苦痛을 輕減하는 데 있다.

健康回復은 健康問題를 가진 對象者가 最適의 機能水準을 되찾아 最上의 安寧水準에 到達하도록 도와주는 것이다. 여기에는 障礙의 豫防, 機能 向上 및 社會로의 復歸 等이 包含된다. 健康回復을 爲한 看護는 傳統的으로 看護士의 責任이다. 健康回復은 主로 疾病이 있는 사람에게 焦點을 두지만, 疾病을 처음 發見했을 때부터 再活治療時期까지 그 範圍가 넓다.

疾病豫防은 健康을 威脅하는 要因을 가진 對象者를 保護하여 特定한 疾病이나 合倂症이 發生하지 않도록 돕는 것이다. 看護遂行 時 돌봄의 原理와 善行의 原理에 立脚하여 對象者의 自己決定 權利가 侵害받지 않도록 留意해야 한다. 따라서 看護士는 좋은 健康習慣을 勸奬하여 疾病을 피하거나 早期 發見하도록 돕고, 疾病狀態에서도 다른 機能을 正常的으로 維持하도록 돕는다.

健康維持와 增進은 現在 健康問題를 가지고 있지 않은 對象者가 最適의 健康狀態를 維持하고 向上할 수 있도록 生活樣式의 變化를 돕는 것으로, 最適의 健康은 身體的, 情緒的, 社會的, 靈的 健康의 均衡 狀態이다. 健康은 疾病이 없는 安寧(well-being) 狀態이다.

苦痛輕減은 對象者의 判斷能力 維持 및 回復에 影響을 주므로 尊嚴性 維持에 큰 影響을 미친다. 따라서 看護士는 對象者의 身體的, 精神的, 靈的 苦痛 水準을 査定하고 苦痛輕減을 爲한 多樣한 接近方法을 提供하여야 한다.

– 정면숙 외, 『간호학개론』, 현문사, 2018, 50~51쪽.

주요 한자어

① 看護 **볼 간, 보호할 호**

看: 看過(간과) 看做(간주) 看破(간파) 走馬看山(주마간산)

護: 辯護(변호) 保護(보호) 護衛(호위) 護身術(호신술)

② 養育 **기를 양, 기를 육**

養: 養成(양성) 敎養(교양) 奉養(봉양) 養護室(양호실)

育: 育兒(육아) 育成(육성) 敎育(교육) 體育館(체육관)

③ 慰勞 **위로할 위, 위로할 로**

慰: 慰安(위안) 自慰(자위) 慰藉料(위자료)

勞: 勤勞(근로) 勞苦(노고) 疲勞(피로) 勞動者(노동자)

④ 治療 **다스릴 치, 병고칠 료**

治: 法治(법치) 治安(치안) 難治病(난치병) 以熱治熱(이열치열)

療: 診療(진료) 醫療(의료) 療飢(요기) 療養病院(요양 병원)

⑤ 回復 **돌 회, 돌아올 복**

回: 回甲(회갑) 回轉(회전) 回診(회진) 一回用(일회용)

復: 復習(복습) 復歸(복귀) 反復(반복)

⑥ 苦痛 **쓸 고, 아플 통**

苦: 苦難(고난) 苦惱(고뇌) 忍苦(인고) 甘呑苦吐(감탄고토)

痛: 痛症(통증) 痛哭(통곡) 頭痛(두통) 生理痛(생리통)

⑦ **障礙** **가로막을 장, 거리낄 애**

障 障壁(장벽) 故障(고장) 保障(보장) 綠內障(녹내장)

礙 拘礙(구애)

⑧ **豫防** **미리 예, 막을 방**

豫 豫約(예약) 豫測(예측) 豫感(예감) 日氣豫報(일기예보)

防 國防(국방) 防備(방비) 防腐劑(방부제) 防毒面(방독면)

⑨ **維持** **벼리 유, 가질 지**

維 維新(유신) 纖維(섬유)

持 持續(지속) 持病(지병) 堅持(견지) 持久力(지구력)

⑩ **增進** **더할 증, 나아갈 진**

增 增加(증가) 增員(증원) 增幅(증폭)

進 前進(전진) 進度(진도) 進退(진퇴) 遲遲不進(지지부진)

함께 써봅시다

看護	看護		
養育	養育		
慰勞	慰勞		
治療	治療		
回復	回復		
苦痛	苦痛		
障礙	障礙		
豫防	豫防		
維持	維持		
增進	增進		

옛 신문 읽어보기

예산군 호열 방역단

禮山郡 虎疫 防疫團

八月 三十日부터 禮山郡
市內에 虎列刺가 發生하여
九月 八日까지 死亡者가
9名이고, 現在 患者가 2名인데,
發生 當日부터 朝鮮勞動共濟會
禮山支會에서 防疫團을
組織하여 防疫과 救護
兩班으로 나누어 防疫班은
市內 淸潔을 督勵하고
救護班은 看護員 2名을
選定하여 臨時避病舍의 患者를
看護케 하며 交通遮斷區域
內의 貧民에게는 柴糧을
供給하고 또 人力車組 中
本會員된 者는 自願하여
醫師와 醫生의 避病舍
通行에는 車賃을 無料로
하는 等 諸般施設이 있는 바
虎列刺가 終熄되기까지는
實行을 繼續한다더라

팔월 삼십일부터 예산군 시내에 호열자가 발생하여 구월 팔일까지 사망자가 9명이고, 현재 환자가 2명인데, 발생 당일부터 조선노동공제회 예산지회에서 방역단을 조직하여 방역과 구호 양반으로 나누어 방역반은 시내 청결을 독려하고 구호반은 간호원 2명을 선정하여 임시피병사의 환자를 간호케 하며 교통차단구역내의 빈민에게는 시량을 공급하고 또 인력거조 중 본회원된 자는 자원하여 의사와 의생의 피병사 통행에는 차임을 무료로 하는 등 제반시설이 있는 바 호열자*가 종식되기까지는 실행을 계속한다더라.

*호열자 : 콜레라(cholera)의 음역어(音譯語)

– 동아일보, 1920년 9월 13일, 4면.

전공 분야 어휘

1. 看病人(볼 간, 병 병, 사람 인)

축자 풀이 : 병자(病)를 돌보는(看) 사람(人)

국어사전 풀이 : 병자를 간호하는 사람

2. 肝硬變症(간 간, 굳을 경, 변할 변, 증세 증)

축자 풀이 : 간(肝)이 굳어져서(硬) 변하는(變) 증세(症)

국어사전 풀이 : 간의 섬유 조직이 많이 자라 굳어지면서 오그라들고, 표면에 이상한 융기가 생겨 울퉁불퉁해지는 병

3. 健康(튼튼할 건, 편안할 강)

축자 풀이 : 몸과 마음이 튼튼하고(健) 편안함(康)

국어사전 풀이 : 정신적으로나 육체적으로 아무 탈이 없고 튼튼함. 또는 그런 상태

4. 寄生蟲(붙어있을 기, 살 생, 벌레 충)

축자 풀이 : 다른 생물(生)에 붙어(寄) 사는 벌레(蟲)

국어사전 풀이 : 다른 동물체에 붙어서 양분을 빨아 먹고 사는 벌레

5. 腦梗塞(골 뇌, 막힐 경, 막힐 색)

축자 풀이 : 골(腦)이 통하지 않고 막힘(梗塞)

국어사전 풀이 : 뇌에 혈액을 보내는 동맥이 막혀 혈액이 흐르지 못하거나 방해를 받아 그 앞쪽의 뇌 조직이 괴사하는 병

6. 腦卒中(골 뇌, 갑자기 졸, 가운데 중)

축자 풀이 : 골(腦)이 갑자기(卒) 중단됨(中)

국어사전 풀이 : 뇌에 혈액 공급이 제대로 되지 않아 손발의 마비, 언어 장애, 호흡 곤란 따위를 일으키는 증상. 뇌동맥이 막히거나, 갑자기 터져 출혈한 혈액이 굳어져 혈관을 막고 주위 신경을 압박하여 여러 가지 신경 증상이 나타남

※ 상식1. '뇌졸증'은 틀린 말. 상식2. 이때의 '中'은 '몸의 독이 됨', '몸이 상함'의 뜻으로 中毒, 中風 등의 용례가 있음

7. 腦出血(골 뇌, 나갈 출, 피 혈)

축자 풀이 : 골(腦)에서 나온(出) 피(血)

국어사전 풀이 : 뇌의 동맥이 터져서 뇌 속에 혈액이 넘쳐흐르는 상태. 고혈압이 그 주된 원인으로, 출혈이 되면 갑자기 의식을 잃고 쓰러져 코를 골며 자는 것 같다가 그대로 죽는 수가 많으며, 의식이 회복되더라도 손발이나 얼굴의 마비, 언어 장애와 같은 후유증이 있음

8. 糖尿病(사탕 당, 오줌 뇨, 병 병)

축자 풀이 : 엿당(糖)이 오줌(尿)으로 배출되는 병(病)

국어사전 풀이 : 소변에 당분이 많이 섞여 나오는 병

9. 白內障(흰 백, 안 내, 가로막을 장)

축자 풀이 : 눈 안(內)이 흰색(白)으로 가로막힘(障)

국어사전 풀이 : 수정체가 회백색으로 흐려져서 시력이 떨어지는 질병

10. 生命(날 생, 목숨 명)

축자 풀이 : 사람이나 생물(生)의 목숨(命)

국어사전 풀이 : 사람이 살아서 숨 쉬고 활동할 수 있게 하는 힘. 동물과 식물의, 생물로서 살아 있게 하는 힘

11. 宿主(묵을 숙, 주인 주)

축자 풀이 : 묵을(宿) 수 있도록 해주는 주인(主)

국어사전 풀이 : 기생 생물에게 영양을 공급하는 생물

12. 豫防(미리 예, 막을 방)

축자 풀이 : 미리(豫) 막음(防)

국어사전 풀이 : 질병이나 재해 따위가 일어나기 전에 미리 대처하여 막는 일

13. 早産兒(이를 조, 낳을 산, 아이 아)

축자 풀이 : 이르게(早) 낳은(産) 아이(兒)

국어사전 풀이 : 달을 다 채우지 못하고 태어난 아이 * 조산원(助産院): 해산을 돕는 곳

알아두면 도움되는 한자 이야기

(전주대학교 간호학과 나이팅게일 선서식 ‖ 전주대학교 신문)

나이팅게일 선서문

나는 일생(一生)을 의롭게 살며, 전문간호직(專門看護職)에 최선(最善)을 다할 것을 하느님과 여러분 앞에 선서(宣誓)합니다.

나는 인간(人間)의 생명(生命)에 해로운 일은 어떤 상황(狀況)에서도 하지 않겠습니다.

나는 간호(看護)의 수준(水準)을 높이기 위하여 전력(全力)을 다하겠으며, 간호하면서 알게 된 개인(個人)이나 가족(家族)의 사정(事情)은 비밀(秘密)로 하겠습니다.

나는 성심(誠心)으로 보건의료인(保健醫療人)과 협조(協助)하겠으며, 나의 간호를 받는 사람들의 안녕(安寧)을 위하여 헌신(獻身)하겠습니다.

관련 어휘와 성어

■ **동병상련(同病相憐)**

같은 병을 앓고 있는 사람들끼리는 서로를 불쌍하게 여긴다는 말. 비슷한 처지에 처하게 되면 서로를 이해하고 도울 수 있음을 의미.

■ **만수무강(萬壽無疆)**

만 년을 살더라도 끝이 없다고 느낌. 아무 탈 없이 장수하기를 바라는 말.

■ **춘한노건(春寒老健)**

봄추위와 늙은이의 건강을 말함. 사물이 오래가지 못하는 것을 비유적으로 이르는 말.

빅데이터로 보는 연관 단어

- 병원(病院)
- 환자(患者)
- 의료(醫療)
- 노인(老人)
- 가족(家族)

4장
의료 · 보건

14강 보건
保健

健康에 對한
지나친 걱정만큼
健康에 致命的인 것은 없다

- 벤자민 프랭클린 -

14강 보건

'보건(保健)'은 '지키다'라는 의미의 '保(보)'와 '건강'이라는 의미의 '健(건)'이 합쳐져 만들어진 어휘이다. 글자 그대로 '건강을 지키는 일'을 의미한다. 앞서 살펴본 '간호(看護)'가 건강을 잃은 후에 이뤄지는 후속 조치라고 한다면, 보건은 건강한 상태를 지키고 유지하는 행위라고 할 수 있다.

현재 사용하는 글자에는 아이의 모습이 없지만, 본래 자원에는 어린 아이의 모습이 뚜렷하다. 아직 팔다리조차 가누기 어려운 어린아이를 엄마가 등으로 업고 있는 모습이다. 후에 글자의 형태가 조금 변해 엄마는 사람 인(人)으로 아이는 태(呆)자로 사용하게 되었다. 아이가 다치거나 잘못되지 않도록 엄마가 가까이에서 지켜주는 모습이 바로 이 보(保)자의 자원이다.

'굳세다', '건강하다'라는 의미를 가진 건(健)은 사람 인(人)과 세우다 건(建)이 합쳐진 글자이다. 한쪽에서 의미를 가져오고, 다른 한쪽에서 소리를 가져온 형성자이다. 본래는 굳센 힘을 가진 사람을 의미하였고, 여기에서 의미가 파생하여 '굳세다'나 '건강하다'라는 의미를 갖게 되었다. 이 글자의 특이한 용례로는 '잘하다'라는 의미가 있다. 무언가를 잘 잊어버리는 증세를 건망증(健忘症)이라고 하는데, 이때 바로 잊기를 '잘하다'라는 의미의 건(健)으로 사용된 것이다.

진료나 치료는 건강에 위험이 생기거나 위험에 빠진 후에 진행하는 의료 행위이다. 반면 보건은 건강할 때 그런 상태를 유지하고자 하는 사전 예방 조치라고 할 수 있다. 이런 측면에서 오늘날 보건 활동은 치료 행위만큼이나 그 중요성을 인정받고 있다.

함께 읽어봅시다

保健 福祉 政策의 비전 및 課題

다가오는 危機 要因들을 勘案할 때 需要者 中心의 保健福祉 서비스로 國民體感度를 높이고 人口危機에 따른 低出産 趨勢 克服, 高齡化 社會 對備, 保健産業의 成長 牽引 等은 時急한 課題이다. 보다 폭넓은 保健福祉서비스와 事前豫防的 保健醫療體系를 通해 安樂하고 健康한 삶을 누릴 수 있도록 하고, 所得 階層別-人口 集團別 맞춤형 福祉를 內實化하는 等 여러 가지 努力이 뒷받침되어야 한다.

새 政府 出帆('17. 5. 10.)과 더불어, 모든 國民이 全 生涯에 걸쳐 貧困 · 疾病 等 各種 社會的 危險으로부터 保護받고 人間다운 삶을 營爲하는 包容的 福祉國家 實現을 爲해 7大 課題 30個 實踐課題를 重點的으로 推進하고, 사람 中心의 社會安全網을 構築하여 經濟와 福祉가 善循環을 이루는 包容的 福祉國家 建設을 爲해 努力하였다. 包容的 福祉國家 實現을 爲한 7大 課題의 具體的인 內容은 다음과 같다.

첫째, 社會서비스 公共인프라 構築과 일자리 創出을 爲해서 障礙人 活動支援 및 老人돌봄 基本 서비스 等 일자리 擴充으로 社會的 돌봄 體系를 强化하고, 老人 일자리와 障礙人 일자리 擴充 等 脆弱階層 對象 直接 일자리를 創出하였다. 또한, 社會서비스원 設立 方案과 關聯 法律(案)을 마련하는 等 良質의 일자리 創出과 社會서비스 質 提高를 위한 基盤 構築에 努力을 기울였다.

둘째, 國民의 基本生活을 保障하는 맞춤형 社會保障을 爲해서 扶養義務者 基準 段階的 廢止 等 基礎生活保障 死角地帶에 놓인 低所得層에 對한 保障을 擴大하고, 靑年希望키움 通帳 導入, 障礙等級 廢止, 障礙人 年金 引上, 障礙人 健康權 確保를 爲한 法令 改定 및 發達障礙人 生涯週期別 綜合對策 마련 等 生涯 맞춤型 基本的 所得 · 醫療 支援을 强化하였다.

셋째, 基礎年金 引上 等 公的年金 改善을 通한 老後 所得保障 强化, 健康保險 任意繼續 加入 期間 延長, 癡呆 國家責任制 導入에 따른 癡呆國家 責任性을 提高하기 爲해 癡呆安心센터 設置, 公共後見人制度, 癡呆醫療費 負擔 緩和 等을 施行하였으며, 老人 일자리 擴充 等 高齡社會에 對備하여 健康하고 品位 있는 老後生活 保障을 爲해 努力하였다.

– 2018 보건복지백서 中 (보건복지부)

주요 한자어

① 保健 지킬 보, 튼튼할 건

保 保證(보증) 保險(보험) 保存(보존) 保全(보전)

健 健康(건강) 健全(건전) 健脚(건각) 健忘症(건망증)

② 福祉 복 복, 복 지

福 福債(복채) 幸福(행복) 飮福(음복) 福德房(복덕방)

祉 福祉(복지)

③ 高齡 높을 고, 나이 령

高 高下(고하) 高低(고저) 高度(고도) 高層(고층) 最高(최고)

齡 年齡(연령) 妙齡(묘령) 學齡(학령)人口(인구)

④ 醫療 의사 의, 병고칠 료

醫 醫師(의사) 醫學(의학) 醫術(의술) 名醫(명의)

療 治療(치료) 療法(요법)

⑤ 生涯 살 생, 끝 애

生 生命(생명) 生死(생사) 生活(생활) 九死一生(구사일생)

涯 生涯(생애) 無涯(무애) 天涯(천애)孤兒(고아)

⑥ 疾病 아플 질, 아플 병

疾 疾患(질환) 怪疾(괴질) 疾走(질주) 痼疾病(고질병)

病 病院(병원) 病弊(병폐) 病菌(병균) 狂犬病(광견병)

⑦ 包容

쌀 포, 용납할 용

包 包含(포함) 包裝(포장) 包圍(포위) 內包(내포)

容 容恕(용서) 容器(용기) 容忍(용인) 容疑者(용의자)

⑧ 支援

지탱할 지, 도울 원

支 支援(지원) 支出(지출) 支拂(지불) 支持者(지지자)

援 援助(원조) 應援(응원) 救援(구원) 孤立無援(고립무원)

⑨ 扶養

도울 부, 기를 양

扶 扶助(부조) 扶持(부지) 相扶相助(상부상조)

養 養成(양성) 養育(양육) 奉養(봉양) 敎養(교양)

⑩ 安心

편안할 안, 마음 심

安 安保(안보) 安定(안정) 安否(안부) 不安(불안)

心 中心(중심) 心亂(심란) 心臟(심장) 心不全症(심부전증)

함께 써봅시다

保健	保健		
福祉	福祉		
高齡	高齡		
醫療	醫療		
生涯	生涯		
疾病	疾病		
包容	包容		
支援	支援		
扶養	扶養		
安心	安心		

옛 신문 읽어보기

제1회 전국 보건소장 회의

第1回 全國 保健所長 會議

厚生省에서는 國民 保健에 關한 施設로서 昭和 12年以來 全國에 135個所의 保健所를 設置하고 一般庶民의 保健衛生指導에 當케 하고 있는데, 7日午前 本省에서 第1回 全國保健所長會議를 열고 保健所今後의 運營方針에 對하여 協議를 行한 結果 다음과 같이 打合하였다.

1. 保健所長의 待遇를 向上하여 質의 改善을 圖할 것
2. 保健婦를 增置하고 그 養成에 關하여 積極的 對策을 講究할 것
3. 保健所의 事業은 當面 다음의 三點에 重點을 둘 것

(가) 結核의 豫防

(나) 母性乳 乳兒의 體力向上

(다) 國民 營養의 改善 確保

후생성에서는 국민 보건에 관한 시설로서 소화 12년 이래 전국에 135개소의 보건소를 설치하고 일반 서민의 보건위생지도를 담당케 하고 있는데, 7일 오전 본성에서 제1회 전국보건소장회의를 열고 보건소 금후의 운영방침에 대하여 협의를 행한 결과 다음과 같이 타협하였다.

1. 보건소장의 대우를 향상하여 질의 개선을 도모할 것
2. 보건부를 증치하고 그 양성에 관하여 적극적 대책을 강구할 것
3. 보건소의 사업은 당면 다음의 세 가지 점에 중점을 둘 것

(가) 결핵의 예방

(나) 모성유 유아의 체력 향상

(다) 국민 영향의 개선 확보

– 매일신보, 1941년 4월 8일, 1면.

전공 분야 어휘

1. 公共扶助(공평할 공, 함께 공, 도울 부, 도울 조)

축자 풀이 : 함께(共) 공평하게(公) 도움(扶·助)

국어사전 풀이 : 국가나 지방 공공 단체가 생활 능력이 없는 사람에게 최소한의 생활수준을 보장하기 위하여 돕는 일

2. 公衆(공평할 공, 무리 중)

축자 풀이 : 행동이나 일 처리가 사사롭거나 한쪽으로 치우지지 않고 공평한(公) 사람들(衆)

국어사전 풀이 : 사회의 대부분의 사람들

3. 保健(지킬 보, 건강할 건)

축자 풀이 : 건강(健)을 지킴(健)

국어사전 풀이 : 건강을 온전하게 잘 지킴. 병의 예방, 치료 따위로 사람의 건강과 생명을 보호하고 증진하는 일

4. 慢性疾患(느릴 만, 성품 성, 병 질, 근심 환)

축자 풀이 : 느린(慢) 성질(性)을 가진 질병(疾·患)

국어사전 풀이 : 증상이 그다지 심하지는 아니하면서 오래 끌고 잘 낫지 아니하는 병을 통틀어 이르는 말

5. 自己效能感(스스로 자, 몸 기, 본받을 효, 능할 능, 느낄 감)

축자 풀이 : 스스로(自·己) 효험(效)을 나타내는 능력(能)이 있다고 느낌(感)

국어사전 풀이 : 특정한 상황에서 자신이 적절한 행동을 함으로써 문제를 해결할 수 있다고 믿는 신념 또는 기대감

6. 包括酬價制(쌀 포, 묶을 괄, 갚을 수, 값 가, 제도 제)

축자 풀이 : 보수(酬)로 주는 대가(價)를 모두 묶어(括) 싸서(包) 보상하는 제도(制)

국어사전 풀이 : 같은 종류의 질병에 대해서, 환자에게 제공되는 서비스의 양이나 질에 관계없이 미리 책정된 일정액의 진료비를 보상하는 제도

알아두면 도움되는 한자 이야기

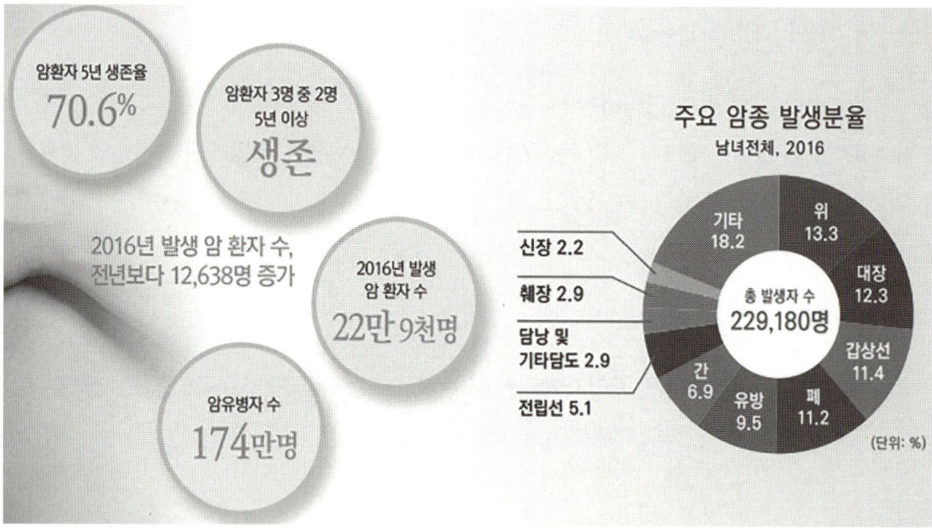

(2016년 현재 우리나라의 주요 암종 발생 분율 ‖ 국립암센터 홈페이지)

암 발병 순위와 신체 장기

암(癌, Cancer)은 우리 몸속의 세포가 비정상적으로 증식하여 인체의 기능을 망가뜨리는 병을 말한다. 인류가 가장 두려워하는 병 가운데 하나이지만, 의학의 발전에 따라 예전에 비해 완치 가능성이 높아지고 있다. 예전에는 암에 걸리면 불치병(不治病)이라 생각하고 사망선고(死亡宣告)와 같이 받아들였으나, 최근에는 조기(早期)에 발견하면 치료할 수 있는 가능성이 많이 높아졌다. 그래도 여전히 우리나라 국민 사망 원인 1위 자리를 오랫동안 차지하고 있다. 암에는 어떤 종류가 있는지 신체 장기(臟器)의 명칭과 함께 알아보자.

① 위암(胃癌)

② 대장암(大腸癌)

③ 갑상선암(甲狀腺癌)

④ 폐암(肺癌)

⑤ 유방암(乳房癌)

⑥ 간암(肝癌)

⑦ 담낭암(膽囊癌)

⑧ 췌장암(膵臟癌)

⑨ 신장암(腎臟癌)

관련 어휘와 성어

- **수복강녕(壽福康寧)**

오래 살고[壽] 복을 누리며[福] 건강하고[康] 평안함[寧]. 아무 탈 없이 장수한다는 만수무강(萬壽無疆)과 비슷한 의미임.

- **호질기의(護疾忌醫)**

병을 감추며 의사에게 내보이기를 꺼려함. 자신의 약점을 다른 이들에게 밝히기 싫어하여 충고받기를 꺼려한다는 의미.

- **양약고구(良藥苦口)**

효험이 많은 좋은 약일수록 입에는 씀. 다른 사람이 해주는 충고는 귀에 거슬린다는 의미의 충언역이(忠言逆耳)와 함께 쓰임.

빅데이터로 보는 연관 단어

- 복지(福祉)
- 의료(醫療)
- 당국(當局)
- 환경(環境)
- 건강(健康)

4장
의료 · 보건

15강 대체의학
代替醫學

自身을 爲해서 뿐만 아니라 食口를 爲해서
나아가 이웃과 나라를 爲해서도 健康해야 한다
要塞를 지키듯 스스로 健康을 지켜야 한다

- 요한 하인리히 페스탈로치 -

15강 대체의학

'대체의학(代替醫學)'은 현대적 의미의 의료 행위를 돕거나 보완하는 여러 종류의 치료법을 포괄하는 개념이다. 과학적인 기반이 부족하다는 비판의 목소리가 있기도 하지만, 의학의 영역에서 미처 다루지 못하는 분야를 보완한다는 의미에서 그 중요성을 인정받고 있기도 하다. 대체라는 용어는 영어 alternative의 번역어로, 무언가를 대신한다는 의미를 갖고 있다.

대(代)는 '대신하다' 또는 '교체하다'라는 의미를 갖고 있다. 자원을 보면 왼쪽에 사람 인(人)이 있고, 오른쪽에 주살 익(弋)이 들어 있다. 사람이 연결되어 있다는 의미에서, 다른 이를 대신한다는 의미로 확장되었다. 남을 대신해서 말하는 사람을 대변인(代辯人)이라 하고, 대신해서 타석에 들어서는 타자를 대타(代打)라고 하는데, 이때 모두 대(代)자를 사용한다.

체(替)는 '바꾸다'라는 본뜻 외에 '멸망하다', '쇠퇴하다'라는 의미로 확장해 사용한다. 앞서 본 대(代)가 있는 것을 대신한다는 의미로 사용된다면, 체(替)는 쓸모가 없어진 것을 대신하여 사용한다는 의미가 더 강하다. 이 글자의 자원은 분명하지 않다. 글자 모양으로만 보면 높이를 달리한 두 사람이 서 있는 모습이다. 위험에 빠져 있는 두 사람이 모두 완전해지기 어려운 상황에서 어느 한 명이 도움을 받아 안전한 상태가 된다는 해석이 있다.

오늘날 대체의학은 나름의 과학적 근거를 축적하면서 유사과학이라는 오명에서 벗어나고자 노력하고 있다. 또한 여러 분야에서 그 효과를 과학적으로 입증받고 있기도 하다. 대체의학 분야에서 사용되고 있는 한자어를 함께 알아보자.

함께 읽어봅시다

代替醫學의 出現

現代醫學은 細菌學의 發達 및 豫防接種의 開發에 依하여 急性 傳染病을 退治하는데 貢獻하였고, 解剖學 및 組織學의 發達 等으로 高度의 外科技術이 發達하였다. 또한 應急患者를 매우 適切하게 治療하고, 損傷된 股關節이나 무릎을 效果的으로 代替하며, 成形手術과 再活手術을 훌륭하게 하고, 호르몬 缺乏을 診斷하고 矯正해주는 데 效果的이다. 이와 같이 現代醫學은 많은 分野에서 人間을 爲해 貢獻하였다.

그러나 患者들은 現代醫學에 滿足하지 못하였다. 왜냐 하면, 患者들의 생각에는 現代醫學은 慢性疾患의 治療가 非效果的이고, 副作用이 많으며, 醫療費가 많이 들고, 患者들이 人間的으로 待接받지 못한다고 생각하게 된 것이다. 더욱이 人口의 老齡化가 加速化되어 人口의 增加에 따른 慢性疾患 患者가 增加하면서 社會的인 趨勢가 무언가 새로운 形態의 醫療를 渴望하게 되었다. 이러한 狀況에서 代替醫學이 出現하게 되었다. 代替醫學이 아직까지 科學的 檢證이 덜 되어 있다는 事實을 알면서도 患者들은 代替醫學에 好感을 갖게 되었는데 그 理由는 代替醫學에서는 患者가 治療에 介入할 수 있고 또한 代替醫學은 個人의 價値, 靈性, 宗敎 等을 認定해주기 때문이다. (중략)

本 冊子에서 說明한 內容들이 代替醫學을 너무 美化한 것이 아닌가 하는 憂慮를 가질 수 있을 것이다. 著者들의 생각에는 오늘날 代替醫學을 主張하는 사람들을 크게 세 部類로 나눌 수 있다고 생각한다. 첫째는 代替醫學을 非科學的 水準에서 다루는 사람들, 둘째는 科學的인 水準으로 努力은 하지만 그래도 科學的 水準에 못 미치는 사람들, 그리고 셋째는 정말로 科學的인 水準에서 다루는 사람들이다. 讀者들은 本 冊子를 읽고 著者들은 어떤 部類에 屬하는지 알 수 있을 것이다. 이와 같이 代替醫學은 水準의 差異가 있기 때문에 本 冊子에서 說明한 內容들이 代替醫學을 너무 美化했다는 非難은 받지 않을 것으로 생각한다.

– 강길전 외, 『대체의학의 이론과 실제』, 2015, 가본의학.

주요 한자어

① 細菌

가늘 세, 균 균

細 — 微細(미세) 詳細(상세) 細密(세밀) 細胞(세포)

菌 — 病菌(병균) 滅菌(멸균) 殺菌(살균) 保菌者(보균자)

② 接種

이을 접, 씨 종

接 — 近接(근접) 隣接(인접) 面接(면접) 接觸(접촉)

種 — 種類(종류) 種子(종자) 種目(종목) 雜種(잡종)

③ 傳染

전할 전, 물들 염

傳 — 傳播(전파) 傳統(전통) 自敍傳(자서전) 遺傳子(유전자)

染 — 染色(염색) 染料(염료) 汚染(오염) 感染(감염)

④ 解剖

가를 해, 쪼갤 부

解 — 誤解(오해) 瓦解(와해) 解毒(해독) 解熱劑(해열제)

剖 — 剖檢(부검)

⑤ 代替

대신할 대, 바꿀 체

代 — 代案(대안) 歷代(역대) 代理母(대리모)

替 — 交替(교체) 移替(이체) 世代交替(세대교체)

⑥ 診斷

진찰할 진, 판단할 단

診 — 確診(확진) 誤診(오진) 診察(진찰) 健康檢診(건강검진)

斷 — 判斷(판단) 斷定(단정) 豫斷(예단) 斷章取義(단장취의)

⑦ 滿足

찰 만, 만족할 족

滿 — 飽滿(포만) 滿了(만료) 滿朔(만삭) 滿身瘡痍(만신창이)

足 — 蛇足(사족) 足球(족구) 手足(수족) 足底筋膜炎(족저근막염)

⑧ 副作用

버금 부, 지을 작, 쓸 용

副 — 副賞(부상) 副業(부업) 副會長(부회장)

作 — 作業(작업) 作動(작동) 始作(시작) 作心三日(작심삼일)

用 — 用度(용도) 活用(활용) 常用(상용) 適用(적용)

⑨ 老齡化

늙을 노, 나이 령, 될 화

老 — 老妄(노망) 老衰(노쇠) 老眼(노안) 老廢物(노폐물)

齡 — 年齡(연령) 高齡(고령)

化 — 化學(화학) 老化(노화) 酸化(산화) 羽化登仙(우화등선)

⑩ 疾患

아플 질, 병 환

疾 — 疾病(질병) 痼疾(고질) 盲人眼疾(맹인 안질)

患 — 患部(환부) 虎患(호환) 病患(병환) 應急患者(응급 환자)

함께 써봅시다

細菌	細菌		
接種	接種		
傳染	傳染		
解剖	解剖		
代替	代替		
診斷	診斷		
滿足	滿足		
副作用	副作用		
老齡化	老齡化		
疾患	疾患		

옛 신문 읽어보기

수중 건강운동 일본에서 인기

水中 健康運動 日本에서 人氣

最近 日本에서는 健康을 위한 水中訓鍊 人口가 서서히 增加하고 있다. 水中에서 步行 體操 에어로빅댄스 등을 하는 이 訓鍊은 5年 前 美國에서부터 始作, 무릎에 負擔을 주어 故障을 일으키는 陸上運動 등 스포츠 選手들의 訓鍊法으로 利用돼왔다.

특히 腰痛 등의 障礙로 陸上運動이 困難한 選手나 手術 後의 回復을 위한 再活運動으로 많이 利用된다. 이 때문에 日本에서도 그 普及이 顯著해 東京 近處의 世田谷區 업 스튜디오, 神奈川縣 相模原市의 스포츠클럽 등이 잇달아 水中訓鍊教室을 開設했다.

水中訓鍊의 人氣가 이렇게 높은 것은 스포츠障礙를 안고 있는 사람이 늘어난 때문으로 最近 몇 년간 붐을 일으킨 에어로빅댄스의 境遇 에어로빅 指導者의 70%, 受講生의 20%가 정강이와 무릎의 痛症을 呼訴하고 있는 것으로 밝혀졌다.

최근 일본에서는 건강을 위한 수중 훈련 인구가 서서히 증가하고 있다. 수중에서 보행 체조 에어로빅댄스 등을 하는 이 훈련은 5년 전 미국에서부터 시작, 무릎에 부담을 주어 고장을 일으키는 육상운동 등 스포츠 선수들의 훈련법으로 이용돼왔다.

특히 요통 등의 장애로 육상운동이 곤란한 선수나 수술 후의 회복을 위한 재활운동으로 많이 이용된다. 이 때문에 일본에서도 그 보급이 현저해 동경 근처의 세전곡구 업 스튜디오, 신나천현 상모원시의 스포츠클럽 등이 잇달아 수중훈련교실을 개설했다.

수중훈련의 인기가 이렇게 높은 것은 스포츠장애를 안고 있는 사람이 늘어난 때문으로 최근 몇 년간 붐을 일으킨 에어로빅댄스의 경우 에어로빅 지도자의 70%, 수강생의 20%가 정강이와 무릎의 통증을 호소하고 있는 것으로 밝혀졌다.

– 매일경제, 1987년 6월 10일, 12면.

전공 분야 어휘

1. 氣管支(기운 기, 대롱 관, 지탱할 지)

축자 풀이 : 공기(氣)가 지나가는 관(管)이 갈라지는(支) 곳

국어사전 풀이 : 기관에서 좌우로 갈라져 허파에 이르는 기도의 한 부분

2. 囊腫(주머니 낭, 종기 종)

축자 풀이 : 주머니(囊) 모양의 종기(腫)

국어사전 풀이 : 주머니 모양의 혹

3. 內臟肥大症(안 내, 오장 장, 살찔 비, 큰 대, 증세 증)

축자 풀이 : 몸 안(內)에 있는 오장(臟)이 살찌고(肥) 커지는(大) 증세(症)

풀이 : 척추동물의 가슴이나 배에 있는 여러 가지 기관의 일부가 지나치게 커지는 병

4. 瞑眩現像(눈감을 명, 아찔한 현, 나타날 현, 모양 상)

축자 풀이 : 눈앞이 캄캄하거나(瞑) 어지러움이(眩) 나타난(現) 상태(像)

풀이 : 건강기능식품 등을 먹고 일시적으로 나타나는 이상 증상을 이르는데, 현대 의학계에서는 인정하지 않는 개념으로 알려져 있음

5. 發癌物質(드러날 발, 암 암, 물건 물, 바탕 질)

축자 풀이 : 암(癌)을 드러나게(發) 하는 물체(物)의 본바탕(質)

국어사전 풀이 : 암종(癌腫) 또는 다른 악성 종양을 일으킬 수 있는 물질

6. 耳鳴(귀 이, 울 명)

축자 풀이 : 귀(耳)에서 소리가 들림(鳴)

국어사전 풀이 : 몸 밖에 음원(音源)이 없는데도 잡음이 들리는 병적인 상태. 귓병, 알코올 의존증, 고혈압 따위가 그 원인임

7. **轉移**(구를 전, 옮길 이)

축자 풀이 : 움직여(轉) 옮김(移)

국어사전 풀이 : 자리나 위치 따위를 다른 곳으로 옮김

8. **擦過傷**(문지를 찰, 지날 과, 상처 상)

축자 풀이 : 문지르거나(擦) 지나치며(過) 생긴 상처(傷)

국어사전 풀이 : 무엇에 스치거나 문질려서 살갗이 벗어진 상처

9. **喘息**(헐떡거릴 천, 쉴 식)

축자 풀이 : 숨(息)을 헐떡임(喘)

국어사전 풀이 : 기관지에 경련이 일어나는 병. 숨이 가쁘고 기침이 나며 가래가 심함

10. **靑色症**(푸를 청, 빛 색, 증세 증)

축자 풀이 : 피부가 푸른(靑) 빛깔(色)이 되는 증세(症)

국어사전 풀이 : 혈액 내 환원 헤모글로빈의 증가나 헤모글로빈 자체의 구조적 장애로 인하여 피부나 점막에 푸른색이 나는 것을 통틀어 이르는 말

11. **打撲傷**(칠 타, 칠 박, 다칠 상)

축자 풀이 : 치고(打) 때려서(撲) 생긴 상처(傷)

국어사전 풀이 : 맞거나 부딪쳐 생긴 상처

12. **肺氣腫**(허파 폐, 기운 기, 부스럼 종)

축자 풀이 : 허파(肺)에 공기(氣)가 많아 생긴 종기(腫)

국어사전 풀이 : '폐 공기증(폐 내의 공기 공간의 크기가 정상보다 커지는 병)'의 前 용어

알아두면 도움되는 한자 이야기

(자연 속에서 명상을 즐기는 모습 ‖ pxhere 이미지)

대체의학의 종류

- 영양요법(營養療法)
- 약초요법(藥草療法)
- 단식요법(斷食療法)
- 신경요법(神經療法)
- 심상요법(心想療法)
- 고열요법(高熱療法)
- 음향요법(音響療法)
- 명상요법(瞑想療法)
- 자기장요법(磁氣場療法)
- 고압산소요법(高壓酸素療法)

관련 어휘와 성어

■ **환골탈태(換骨奪胎)**

이전 것을 배웠으나 그 흔적을 드러내지 않고서 더 새롭고 발전한 것을 만들어내는 경우를 말함.

■ **청출어람(靑出於藍)**

쪽에서 뽑아낸 푸른 물감이 본래 쪽의 색깔보다 더 푸르다는 의미. 나중 나온 것이 원래보다 나은 경우를 말함.

■ **일취월장(日就月將)**

날로 나아가고 달로 나아가는 모습. 학문이나 실력이 나날이 발전하는 경우를 말함.

빅데이터로 보는 연관 단어

- 건강(健康)
- 입문(入門)
- 요법(療法)
- 관리(管理)
- 자연(自然)

4장
의료 · 보건

16강 물리치료
物理治療

財産을 모으기 爲해 健康을 害치지 말라
健康이 곧 財産이다

- 프랜시스 베이컨 -

16강 물리치료

'물리치료'는 물리적인 방법을 사용하여 환자를 치료하는 행위이다. 의료 행위를 돕는 수단으로 널리 사용되고 있다. 앞서 '물리(物理)'의 자원을 확인하였으므로, 여기서는 '치료(治療)'의 자원을 알아보고자 한다.

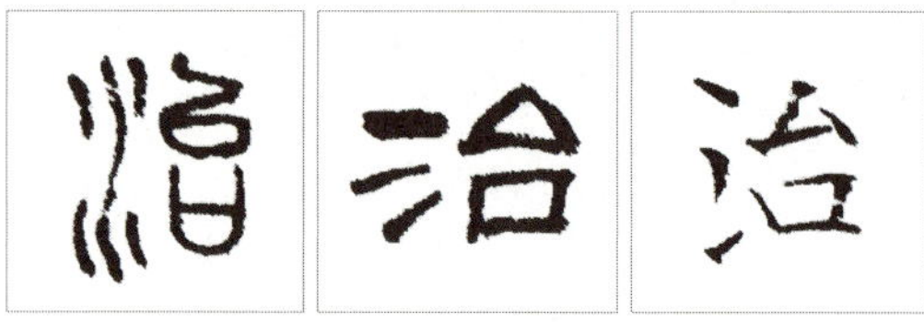

치(治)는 강물을 뜻하는 삼수변(氵)과 소리를 나타내는 태(台)가 결합한 형성자이다. 본래 어떤 강물의 고유명사로 사용되었는데, 후에 홍수가 나지 않도록 강물을 잘 다스리는 행위로 의미가 확장되었다.

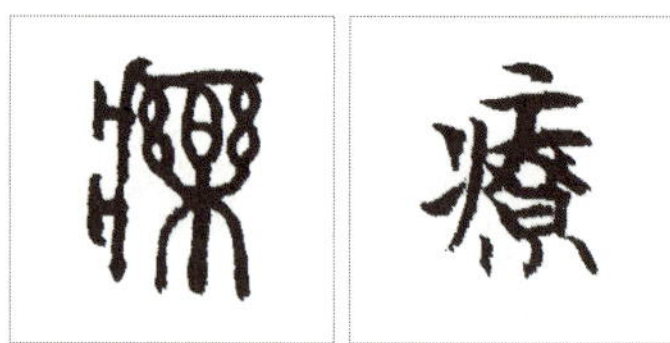

료(療)는 병과 관련한 글자에 부수로 사용되는 병질 엄(疒)이 의미로, 횃불 료(尞)가 음으로 사용되어 만들어진 형성자이다. 여느 형성자와 마찬가지로 횃불은 이 글자의 의미와 아무 상관이 없이 단지 소리만 가져온 것이다. 이 글자 자체에

'(병을) 고치다'라는 의미가 있고, 여기서 확장하여 '치료하다'라는 의미로도 사용된다.

병을 고친다는 의미의 '치료'가 그 방법인 '물리'와 만나서 만들어진 새로운 단어가 물리치료(物理治療)이다. 사전적인 의미로는 '약물 대신 온도, 전기, 광선, 공기 따위의 물리적 작용을 이용해서 하는 치료'로 풀이하고 있다.

함께 읽어봅시다

物理治療의 槪念

物理治療는 醫學의 모든 領域과 깊은 聯關을 가져 疾病, 切斷, 損傷 等으로부터 障礙를 가진 患者들을 治療的 運動, 熱, 冷, 물, 빛, 電氣, 超音波 및 마사지, 多樣한 맨손治療 等을 利用하여 治療를 하는 것이라고 定義할 수 있다.

原始人들은 太陽光線 아래서 溫熱의 利點을 利用하여 日光浴, 卽 光線治療의 原始的 狀態를 始作했으며, 그들은 흐르는 물에 傷處를 씻거나 하는 手治療를 하였다. 또한 打撲傷을 입은 筋肉을 어루만지면서 醫療的 마사지가 始作되었고 이 時期의 醫師들은 物理的 因子를 治療에 適用하고 있었다. 로마人들은 豪華浴湯을 利用하여 手治療와 溫熱治療를 했으며, 그리스의 體育指導者들은 마사지와 矯正 治療 運動을 適用했다.

近代 物理治療의 機具 使用은 第1次 世界大戰 동안에 始作되었다. 第2次 世界大戰을 거치면서 發展하고 그 後 飛躍的으로 發展하였으며, 現在는 電子工學과 醫工學의 發達로 物理治療 機具 및 評價道具의 눈부신 發展을 이룩하였다.

物理治療는 整形外科, 神經外科, 再活醫學科, 一般外科, 産婦人科, 內科, 耳鼻咽喉科, 齒科, 小兒科, 神經精神科, 皮膚科, 胸部外科 等 全體 醫療分野와 相關關係를 갖고 있으며, 關節炎, 腦性麻痺, 骨折, 末梢神經 또는 中樞神經 損傷, 切斷, 産業災害나 交通事故 等의 患者들에게 必須的으로 適用되고, 癌患者의 物

理治療가 內科 領域과 함께 많은 發展이 이루어질 것이다.

韓國의 物理治療는 民間療法 次元으로 여러 가지 溫熱治療法을 비롯하여 刺戟治療法, 手治療 等이 實施되어 왔으며, 韓國 近代 物理治療는 韓國戰爭 때부터 外國 宣敎師나 醫師에 의해 導入되어 約 50年 가까운 歷史를 가지고 있다.

– 강성일 외, 『물리치료학 개론』, 2010, 이퍼블릭.

주요 한자어

① 損傷 **덜 손, 상처 상**

損 — 損害(손해) 損失(손실) 損益(손익) 破損(파손)

傷 — 傷處(상처) 傷心(상심) 負傷(부상) 死傷者(사상자)

② 障礙 **막을 장, 거리낄 애**

障 — 障壁(장벽) 保障(보장) 白內障(백내장)

礙 — 拘礙(구애) 障礙人(장애인)

③ 超音波 **넘을 초, 소리 음, 물결 파**

超 — 超越(초월) 超人(초인) 超自然(초자연)

音 — 音樂(음악) 音色(음색) 錄音(녹음) 知音(지음)

波 — 波動(파동) 波長(파장) 波及(파급) 人波(인파)

④ 溫熱 **따뜻할 온, 더울 열**

溫 — 溫度(온도) 溫室(온실) 氣溫(기온) 溫故知新(온고지신)

熱 — 熱風(열풍) 加熱(가열) 過熱(과열) 以熱治熱(이열치열)

⑤ 筋肉 **힘줄 근, 고기 육**

筋 — 筋力(근력) 鐵筋(철근) 筋纖維(근섬유)

肉 — 肉體(육체) 肉身(육신) 精肉店(정육점) 羊頭狗肉(양두구육)

⑥ 矯正

바로잡을 교, 바를 정

矯 — 矯導所(교도소) 矯角殺牛(교각살우)

正 — 正直(정직) 正常(정상) 公正(공정) 公明正大(공명정대)

⑦ 機具

틀 기, 도구 구

機 — 機械(기계) 機關(기관) 機能(기능) 校正機(교정기)

具 — 道具(도구) 家具(가구) 具備(구비) 具體的(구체적)

⑧ 整形

가지런할 정, 형태 형

整 — 整理(정리) 整備(정비) 調整(조정) 李下不整冠(이하부정관)

形 — 形態(형태) 形式(형식) 形成(형성) 形形色色(형형색색)

⑨ 骨折

뼈 골, 꺾을 절

骨 — 白骨(백골) 遺骨(유골) 膝蓋骨(슬개골) 刻骨難忘(각골난망)

折 — 折半(절반) 折衷(절충) 曲折(곡절) 百折不屈(백절불굴)

⑩ 民間

백성 민, 사이 간

民 — 民心(민심) 國民(국민) 住民(주민) 民主主義(민주주의)

間 — 中間(중간) 時間(시간) 夜間(야간) 犬猿之間(견원지간)

함께 써봅시다

損傷	損傷		
障礙	障礙		
超音波	超音波		
溫熱	溫熱		
筋肉	筋肉		
矯正	矯正		
機具	機具		
整形	整形		
骨折	骨折		
民間	民間		

옛 신문 읽어보기

여름은 소아마비 많은 철

여름은 小兒痲痺 많은 철

小兒痲痺에 걸리면 누구나 痲痺가 생기는 것이 아니며 어린이가 病中에 過勞한 탓으로 생기는 것이 많다. 終日 밖에서 뛰노는 것, 업고 다니는 것 등은 痲痺를 重하게 만든다. 反對로 어린이를 찬물에 沐浴을 시키거나 비를 맞게 하여도 퍽 해롭다. 젖은 옷은 곧 벗기고 갈아입혀야 한다. 여름철에 어린이들이 高熱이 있은 후 다리나 팔이 약한 듯하면 곧 醫師의 診察을 받아야 한다.

앉아 놀던 아이가 앉지 못하든지 四肢를 못 쓴다든지 목을 가누지 못한다면 벌써 痲痺가 된 것이다. 우리나라에서 많이 보는 것은 다리 痲痺이다.

痲痺가 생기더라도 걱정 말고 곧 治療를 받아야 한다. 왜냐하면 痲痺가 된 어린이의 50%는 治療를 받으면 完全히 回復되기 때문이다. 또는 25%는 大略 機能이 回復되며 나머지 25%만이 심한 後遺症이 남게 된다. 治療法에 있어서는 物理 療法이 第一 좋은 效果를 나타내고 있다.

소아마비에 걸리면 누구나 마비가 생기는 것이 아니며 어린이가 병중에 과로한 탓으로 생기는 것이 많다. 종일 밖에서 뛰노는 것, 업고 다니는 것 등은 마비를 중하게 만든다. 반대로 어린이를 찬물에 목욕을 시키거나 비를 맞게 하여도 퍽 해롭다. 젖은 옷은 곧 벗기고 갈아입혀야 한다. 여름철에 어린이들이 고열이 있은 후 다리나 팔이 약한 듯하면 곧 의사의 진찰을 받아야 한다.

앉아 놀던 아이가 앉지 못하든지 사지를 못쓴다든지 목을 가누지 못한다면 벌써 마비가 된 것이다. 우리나라에서 많이 보는 것은 다리 마비이다.

마비가 생기더라도 걱정 말고 곧 치료를 받아야 한다. 왜냐하면 마비가 된 어린이의 50%는 치료를 받으면 완전히 회복되기 때문이다. 또는 25%는 대략 기능이 회복되며 나머지 25%만이 심한 후유증이 남게 된다. 치료법에 있어서는 물리요법이 제일 좋은 효과를 나타내고 있다.

– 동아일보, 1963년 7월 4일, 7면.

전공 분야 어휘

1. 骨多孔症(뼈 골, 많을 다, 구멍 공, 증세 증)

축자 풀이 : 뼈(骨)에 구멍(孔)이 많은(多) 증세(症)

국어사전 풀이 : 뼈의 무기질과 단백질이 줄어들어 뼈 조직이 엉성해지는 증상

2. 骨折(뼈 골, 꺾을 절)

축자 풀이 : 뼈(骨)의 꺾임(折)

국어사전 풀이 : 뼈가 부러짐

3. 筋肉(힘줄 근, 고기 육)

축자 풀이 : 힘줄(筋)과 살(肉)

국어사전 풀이 : 힘줄과 살을 통틀어 이르는 말

4. 物理治療(물건 물, 다스릴 리, 다스릴 치, 고칠 료)

축자 풀이 : 만물(物)의 원리(理)에 기초하여 병을 다스리고(治) 고침(療)

국어사전 풀이 : 자연의 힘이나 물리적 작용을 빌려서 치료를 하는 방법. 또는 그런 치료

5. 心電圖(마음 심, 번개 전, 그림 도)

축자 풀이 : 마음(心)의 전기(電)를 그림(圖)으로 나타냄

국어사전 풀이 : 심장의 수축에 따른 활동 전류 및 활동 전위차를 파상 곡선으로 기록한 도면

6. 捻挫(비틀 염, 꺾을 좌)

축자 풀이 : 비틀리거나(捻) 꺾여서(挫) 생긴 손상

국어사전 풀이 : 갑작스러운 충격이나 운동으로 근막이나 인대가 상하거나 타박상으로 피하 조직이나 장기가 상한 것

7. 尿毒症(오줌 요, 독 독, 증세 증)

축자 풀이 : 소변(尿)에 독(毒)이 있는 증상(症)

국어사전 풀이 : 콩팥의 기능 장애로 몸 안의 노폐물이 오줌으로 빠져나오지 못하고 핏속에 들어가 중독을 일으키는 병증

8. 蓐瘡(깔개 욕, 부스럼 창)

축자 풀이 : 깔개(蓐)로 인하여 생긴 종기(瘡)

국어사전풀이 : 병으로 오랜 시간을 누워 지내는 환자의 엉덩이나 등에 생기는 부스럼

9. 靭帶(질길 인, 띠 대)

축자 풀이 : 질긴(靭) 띠(帶)

국어사전 풀이 : 관절의 뼈 사이와 관절 주위에 있는, 노끈이나 띠 모양의 결합 조직

10. 再活(다시 재, 살 활)

축자 풀이 : 다시(再) 한 번 사는(活) 것

국어사전 풀이 : 다시 활동함. 신체장애자가 장애를 극복하고 생활함

11. 靜脈(맑을 정, 줄기 맥)

축자 풀이 : 맑게(靜) 되어야 하는 피가 다니는 통로(脈)

국어사전 풀이 : 정맥혈을 심장으로 보내는 순환 계통의 하나. 피의 역류를 막는 역할을 하며, 살갗 겉으로 퍼렇게 드러남 * 정맥혈(靜脈血) : 정맥에 의해 심장으로 보내지는 노폐한 피(이산화탄소가 많고 산소가 적어 검붉은 색을 띰)

12. 觸診(닿을 촉, 진찰할 진)

축자 풀이: 닿으면서(觸) 진찰함(診)

국어사전 풀이: 환자의 몸을 손으로 만져서 진단하는 일

13. 脫水症(벗을 탈, 물 수, 증세 증)

축자 풀이: 물(水)이 계속 벗어나는(脫) 증세(症)

국어사전 풀이 : 몸속의 수분이 모자라서 일어나는 증상

알아두면 도움되는 한자 이야기

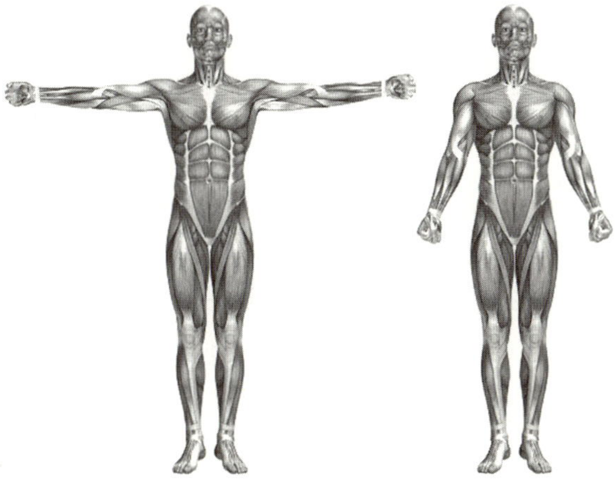

(인체의 근육)

근육의 명칭

근육(筋肉)은 인체를 구성하고 있는 중요한 요소이다. 뼈와 함께 동작을 가능하게 해주기도 하고, 몸속의 장기(臟器)를 감싸 보호해주기도 한다. 우리 몸의 장기가 각각의 역할에 따라 다른 명칭을 가지고 있듯이 근육 역시 위치와 역할에 따라 다른 명칭을 가지고 있다. 근육의 명칭은 모양, 크기, 위치, 근육 개수, 근육 기능, 길이, 인접한 뼈의 명칭에 따라 붙여졌다. 이 명칭은 주로 한자로 되어 있기 때문에 한자를 알고 있을 경우 그 의미를 쉽게 이해할 수 있다.

- **삼각근(三角筋)** : 어깨 곡선을 만드는 근육
- **대흉근(大胸筋)** : 가슴을 덮고 있는 삼각형의 큰 근육
- **완근(腕筋)** : 팔뚝 부근의 근육
- **대퇴근(大腿筋)** : 넓적다리 부근의 근육
- **승모근(僧帽筋)** : 어깨에서부터 아래로 이어지는 등쪽 근육. 승모(僧帽)는 수도사의 모자 모양과 닮았다고 하여 붙여진 이름
- **이두근(二頭筋)** : 팔 안쪽 근육
- **삼두근(三頭筋)** : 팔 뒤쪽 근육
- **광배근(廣背筋)** : 등 아래에서 옆구리로 이어지는 넓은 면적의 근육
- **내전근(內殿筋)** : 허벅지 안쪽에 붙어있는 근육
- **비복근(腓腹筋)** : 종아리 뒤쪽 두 갈래로 갈라진 근육

관련 어휘와 성어

■ **도수치료(徒手治療)**

기계 등의 도움 없이 맨손[徒手]으로 치료하는 방법

■ **재활치료(再活治療)**

장애를 가진 사람이 가질 수 있는 최적의 신체적, 감각적, 지능적, 심리적, 사회적 수준을 성취하고 유지하려는 노력으로 수행하는 모든 치료

■ **추나요법(推拿療法)**

한의사가 손 또는 신체의 일부분을 이용하거나 추나 테이블 등의 보조 기구를 이용하여 환자의 신체 구조에 유효한 자극을 가하여 구조적 · 기능적 문제를 치료하는 한의학 수기요법(手技療法)

빅데이터로 보는 연관 단어

- 종류(種類)
- 적외선(赤外線)
- 도수(徒手)
- 효과(效果)
- 회복(回復)